MITOLOGIA

MITOLOGIA

50 conceitos e mitos fundamentais explicados de forma clara e rápida

Editor **Robert A. Segal**

PubliFolha

Título original: *30-Second Mythology*

Publicado originalmente na Grã-Bretanha em 2012 pela Ivy Press Limited,
210 High Street, Lewes, East Sussex, BN7 2NS, Inglaterra.

Copyright © 2012 Ivy Press Limited
Copyright © 2016 Publifolha Editora Ltda.

Todos os direitos reservados. Nenhuma parte desta obra pode ser reproduzida,
arquivada ou transmitida de nenhuma forma ou por nenhum meio sem a
permissão expressa e por escrito da Publifolha Editora Ltda.

Proibida a comercialização fora do território brasileiro.

Coordenação do projeto **Publifolha**
Editora-assistente **Andréa Bruno**
Produtora gráfica **Samantha R. Monteiro**

Produção editorial **Página Viva**
Edição **Tácia Soares**
Tradução **Luis Reyes Gil**
Revisão **Paula B. P. Mendes, Lilian de Lima**
Diagramação **Yara Penteado Anderi, Catharine Rodrigues**
Consultoria **Cecilia Marks, mestra em teoria literária e literatura comparada
    pela Universidade de São Paulo**

Edição original **Ivy Press**
Diretor de criação **Peter Bridgewater**
Publisher **Jason Hook**
Diretora editorial **Caroline Earle**
Diretor de arte **Michael Whitehead**
Designer **Ginny Zeal**
Ilustrações **Ivan Hissey**
Perfis **Viv Croot**
Glossários **James Garvey**
Editora sênior **Stephanie Evans**
Editor de projeto **Jamie Pumfrey**
Colaboradores **Viv Croot, Susan Deacy, Emma Griffiths, William Hansen,
    Geoffrey Miles, Barry B. Powell, Robert A. Segal**

Dados Internacionais de Catalogação na Publicação (CIP)
(Câmara Brasileira do Livro, SP, Brasil)

Mitologia : 50 conceitos e mitos fundamentais explicados de forma clara
e rápida / editor Robert A. Segal ; [tradução Luis Reyes Gil] – São
Paulo : Publifolha, 2016. – (50 conceitos).

Título original: 30-second mythology.
Bibliografia.
ISBN 978-85-68684-42-9

1. Mitologia 2. Mitologia clássica I. Segal, Robert A. II. Série.

16-02095   CDD-291.13

Índices para catálogo sistemático:
1. Mitologia   291.13

Este livro segue as regras do Acordo Ortográfico da Língua
Portuguesa (1990), em vigor desde 1º de janeiro de 2009.

Impresso na China.

PUBLIFOLHA
Divisão de Publicações do Grupo Folha
Al. Barão de Limeira, 401, 6º andar
CEP 01202-900, São Paulo, SP
Tel.: (11) 3224-2186/2187/2197
www.publifolha.com.br

SUMÁRIO

06 Introdução

10 Criação
12 GLOSSÁRIO
14 Caos
16 Eros/Cupido
18 Gaia
20 Perfil: Hesíodo
22 Urano
24 Titãs
26 Prometeu

28 Olímpicos
30 GLOSSÁRIO
32 Zeus/Júpiter
34 Hera/Juno
36 Posêidon/Netuno
38 Hefesto/Vulcano
40 Ares/Marte
42 Apolo
44 Perfil: Homero
46 Ártemis/Diana
48 Deméter/Ceres
50 Afrodite/Vênus
52 Atena/Minerva
54 Hermes/Mercúrio
56 Dionísio/Baco

58 Monstros
60 GLOSSÁRIO
62 Minotauro
64 Medusa e as Górgonas
66 Cérbero
68 Polifemo e os Ciclopes
70 Perfil: Ovídio
72 Harpias
74 Erínias

76 Geografia
78 GLOSSÁRIO
80 Monte Olimpo
82 Hades
84 Perfil: Eurípides
86 Tártaro
88 Troia
90 Delfos

92 Heróis
94 GLOSSÁRIO
96 Héracles/Hércules
98 Aquiles
100 Perfil: Ésquilo
102 Odisseu/Ulisses
104 Eneias
106 Teseu
108 Perseu

110 Figuras trágicas
112 GLOSSÁRIO
114 Adônis
116 Édipo
118 Antígona
120 Orfeu e Eurídice
122 Jasão e Medeia
124 Ájax
126 Dido
128 Perfil: Virgílio
130 Faetonte
132 Ícaro
134 Acteão

136 Legado
138 GLOSSÁRIO
140 Narcisismo
142 Complexo de Édipo
144 Complexo de Electra
146 Perfil: Sófocles
148 Ninfomania
150 Efeito Pigmalião

152 APÊNDICES
154 Fontes de informação
157 Sobre os colaboradores
158 Índice
160 Agradecimentos

INTRODUÇÃO
Robert A. Segal

Não existe uma definição única de "mito".

Cada uma das numerosas interpretações reflete as várias disciplinas que estudam o tema. Embora possa soar surpreendente, um mito não precisa sequer de uma história. Para os cientistas políticos, ele pode ser uma crença ou um credo — uma ideologia. Mesmo quando se parte do pressuposto de que o mito é uma história, as ciências divergem quanto a seu conteúdo. Para os folcloristas, os mitos tratam exclusivamente da criação do mundo. Todos os demais relatos constituem ou lendas ou contos populares. Para outras escolas, os mitos podem versar também sobre a concepção de uma nação ou de um movimento, ou não abordar criação alguma. Na área dos estudos religiosos, os principais personagens dos mitos são os deuses, mas outras disciplinas acolhem não só os heróis, que são humanos, mas também animais, que às vezes se revelam os próprios criadores do mundo.

Três questões-chave

Várias disciplinas estudam o mito — as principais são antropologia, sociologia, psicologia, ciência política, literatura, filosofia e estudos religiosos —, e cada uma delas propõe teorias diversas. Teorizar sobre o mito exige dar respostas a três questões-chave, válidas para todos os mitos, não só para um único ou para os de uma só cultura.

As questões-chave são a origem, a função e o assunto. A origem aborda por que e como os mitos surgem, no momento e no lugar em que o fazem, e não apenas no início, mas ao longo do tempo. A função explica por que e como os mitos persistem. Em geral, o motivo tanto da origem quanto da função é uma necessidade que o mito preenche — e ele se mantém vivo à medida que continua a preenchê-la. Tal necessidade varia conforme a teoria.

O assunto é aquilo de que o mito trata — o "referente". Costuma-se acreditar que os mitos devam ser lidos literalmente. Quer Zeus fosse ou não real, os mitos sobre Zeus são vistos como histórias de um deus real,

Perseu mata a Górgona
Em um dos desafios heroicos mais conhecidos, Perseu vai até a terra das irmãs Górgonas para decapitar Medusa. Essas histórias épicas atravessaram séculos e ainda encontram repercussão junto ao público moderno.

principal entidade de uma religião predominante, que usava seu poder para fazer o que quisesse. Mas os mitos são também lidos simbolicamente, e seu referente pode ser qualquer coisa. Zeus, por exemplo, pode simbolizar o trovão e o raio, um rei, o pai humano ou mesmo o lado paternal da personalidade de alguém. Zeus não precisa ser interpretado como um deus, e menos ainda como o deus de uma religião há muito tempo extinta.

Distinções teóricas

As teorias não só apresentam os mitos, mas tentam entendê-los. Elas pretendem explicar por que os mitos surgem, por que duram tanto tempo — às vezes persistem até hoje — e sobre o que tratam de fato. Uma distinção útil, que se mantém pelas várias disciplinas, é aquela entre as teorias do século XIX e as do século XX.

As teorias do século XIX — cujos principais expoentes são E. B. Tylor e J. G. Frazer — costumavam assumir como assunto dos mitos o mundo físico e neles ver não só a função de explanação literal mas também de descrição simbólica desse mundo. Os mitos eram considerados uma contraparte "primitiva" da ciência natural, vista na época, ao menos em grande parte, como uma ciência moderna, segundo a qual os mitos seriam não só supérfluos mas totalmente incompatíveis, e o público moderno, que por definição era científico, deveria portanto rejeitá-los.

Em contraste, as teorias do século XX — representadas por Bronislaw Malinowski, Mircea Eliade, Rudolf Bultmann, Albert Camus, Sigmund Freud e C. G. Jung — viam os mitos como qualquer coisa menos como contrapartidas superadas da ciência, tanto no assunto quanto na função (teóricos do século XIX, a exemplo de Friedrich Nietzsche, prenunciaram essa abordagem). O assunto agora não era mais o mundo físico, mas a sociedade, a mente humana ou o lugar dos humanos no mundo físico. A função dos mitos não consistia mais em explicar, mas em unificar a comunidade, encontrar deus, acessar o inconsciente, expressar a condição humana. Em resumo, mesmo na esteira do pensamento científico, os mitos ainda tinham seu lugar.

Apelo permanente

Será que os antigos gregos e romanos acreditavam literalmente em sua mitologia? De modo surpreendente, a maioria deles, sim. O público moderno pode não compartilhar essa crença literal, mas os mitos têm perdurado e continuam sendo prestigiados. Mesmo que hoje ninguém considere mais Zeus ou Aquiles como reais, os deuses e heróis floresceram como símbolos, dos quais o melhor exemplo é Dionísio. Além disso, os mitos penetraram no pensamento corrente. Freud usou a figura de Édipo para designar o impulso masculino humano mais fundamental, e Jung escolheu a de Electra para dar nome a seu equivalente feminino.

Os mitos são encontrados não só no cristianismo e nas antigas religiões grega e romana, mas na maioria e talvez em todas as demais crenças religiosas. Além disso, os mitos não precisam estar ligados a nenhuma doutrina. As teorias do século XX, em contraste com as do século XIX, com frequência separaram a mitologia de qualquer religião e estudaram mitos seculares, como os do nacionalismo e do espaço sideral. Ou seja, teorias do mito e teorias de todos os mitos, e não apenas de uma determinada cultura ou de um determinado tipo.

Como são os mais conhecidos, os mitos clássicos constituem o foco deste livro. São usados os nomes gregos dos deuses, não os latinos, mas nomes latinos ou romanos familiares também são informados. Cada figura ou evento mitológico é primeiro apresentado em uma frase com os principais detalhes para o leitor na seção "Origem". A seção seguinte, "Representação", entra, então, em maior profundidade, delineando, por exemplo, o simbolismo contido no mito ou explicando melhor sua origem.

As sete partes dividem o livro nas categorias **Criação**, **Olímpicos**, **Monstros**, **Geografia**, **Heróis**, **Figuras Trágicas** e **Legado**, refletindo a maneira pela qual a mitologia se insinua por todo o mundo clássico. Temos, portanto, não só dezenas de deuses, a respeito dos quais há múltiplos mitos, mas também monstros, locais e eventos míticos. A história do cosmos começa com a criação dos deuses, que interferem continuamente, muitas vezes de maneira trágica, na vida dos humanos. As centenas de heróis acumulam ainda mais mitos. Esses relatos perduraram até nossos dias, e um de seus legados são as conhecidas perturbações psicológicas definidas por nomes de figuras míticas.

Os mitos clássicos podem ser hoje encontrados em muitos lugares — não só na literatura mas também nas artes, no cinema e na cultura popular. Versões modernas de relatos antigos invariavelmente tomam liberdades em relação às histórias originais, mas o importante é que, mesmo atualizados, os mitos continuam a ser contados.

CRIAÇÃO

CRIAÇÃO
GLOSSÁRIO

cosmogonia Deriva do termo grego *kosmos* (literalmente, "ordem") e se refere à descrição, bastante frequente no mito, da criação do mundo.

Deuses Primordiais Na cosmogonia grega, os Deuses Primordiais são as quatro primeiras entidades conhecidas. Segundo Hesíodo em sua *Teogonia*, o primeiro ser a existir foi Caos, um "vasto e escuro" abismo ou precipício. Depois (mas não a partir do Caos), surge Gaia (a "mãe-terra"), seguida por Tártaro (literalmente, "lugar profundo"), uma prisão cósmica, e por fim Eros (o amor erótico). Além de seres físicos, os Deuses Primordiais também eram considerados as primeiras manifestações de divindades.

foice adamantina O termo "adamantino" significa inflexível, duro, similar ao diamante. Foi com uma foice adamantina feita por Gaia que Cronos (Saturno) castrou o pai, Urano. E foi também com uma foice adamantina que Perseu decapitou Medusa e Zeus derrotou Tifão.

Gigantes Os Gigantes foram a descendência de Gaia, em geral imensos seres masculinos, monstruosos e mortíferos. Ela pariu os Gigantes ao ser fertilizada pelo sangue de Urano, depois que este foi castrado por Cronos. Quando os Olímpicos aprisionaram os Titãs, Gaia instigou os Gigantes a fazerem guerra contra Zeus e os demais deuses, a fim de destroná-los e restaurar a supremacia dos Titãs. Nessa guerra (a Gigantomaquia), Héracles (Hércules), cumprindo uma profecia, foi chamado pelos deuses para lutar contra os Gigantes. Ele matou muitos deles e foi responsável pela vitória final dos deuses.

Melíades Irmandade de ninfas nascidas do freixo (*melia* é "freixo" em grego). As Melíades, assim como os Gigantes e as Eríneas ("Fúrias"), eram filhas de Gaia, fertilizada com o sangue de Urano. Segundo Hesíodo em seu *Os trabalhos e os dias*, as Melíades produziram a terceira raça de homens, conhecida como a Raça de Bronze, descrita por Hesíodo como "terrível e forte".

mundo subterrâneo Termo geral que descreve os lugares existentes sob a terra. As descrições variam conforme as fontes, mas o mundo subterrâneo inclui o Tártaro, que é a prisão cósmica dos Titãs e dos humanos que cometeram ofensas graves (particularmente aqueles que, como Tântalo e Sísifo, ofenderam os deuses); o Hades (ou Érebo), para onde iam os mortais após a morte; e, segundo Virgílio, mas não de acordo com os poetas gregos, o Elísio (ou Campos Elísios), local de descanso dos heróis. O rio mais significativo do mundo subterrâneo, que separava os vivos dos mortos, era o Estige, mas era cruzando outro rio, o Aqueronte, que o barqueiro Caronte transportava as almas dos recém-falecidos.

Oceânides Nome coletivo das milhares de ninfas marinhas descendentes dos Titãs Oceano e Tétis. Eram entre 3 mil e 4 mil, e estavam intimamente associadas aos mares e oceanos; muitas delas tinham nomes individuais. Embora não fossem imortais, as Oceânides viviam longo tempo e geralmente eram amistosas com os humanos. Foram retratadas com frequência brincando em volta de quilhas e proas de navios.

Olímpicos O termo geralmente se refere aos "Doze Olímpicos" que ganharam o controle do mundo depois de destronarem os Titãs na guerra conhecida como Titanomaquia. Principais deuses do panteão grego, os Doze Olímpicos habitavam o Monte Olimpo, governado por Zeus, deus do céu. A lista desses deuses varia conforme a fonte, mas os membros comumente citados são Zeus, Hera, Posêidon, Deméter, Apolo, Ártemis, Dionísio, Atena, Ares, Hefesto, Hermes e Afrodite.

Titanomaquia Nome dado à épica guerra de dez anos entre os Titãs e os deuses do Olimpo. Depois de destronar seu tirânico pai, Urano, Cronos temeu ser, por sua vez, derrubado pelos próprios filhos. Engoliu todos eles, mas, enganado, deixou escapar Zeus, que foi escondido e criado em Creta. Cronos depois se viu obrigado a regurgitar seus outros filhos, e eles, com Zeus e os Ciclopes (de quem Zeus recebeu seu famoso raio), lutaram contra os Titãs, que acabaram derrotados e enviados para o Tártaro.

CAOS

Segundo o poeta grego Hesíodo,

o primeiro evento que ocorreu no cosmos foi o nascimento ou a "passagem à existência" do Caos. Ao Caos se seguiram Gaia (Terra), o Tártaro (prisão cósmica) e Eros (amor erótico). Esses seres eram os Deuses Primordiais — as primeiras quatro entidades identificadas. Tudo o que veio ao mundo a partir daí derivou de um ou mais desses Deuses Primordiais. Caos não significa um estado de extrema desordem, que é hoje o sentido mais corrente da palavra; denotava o conceito de "espaço confinado", como o de um abismo. Na lógica do mito, o Caos era o espaço no qual o mundo podia se desenvolver. O Caos tinha natureza dual: era não só uma coisa física mas também uma personalidade, um ser vivo do qual duas outras entidades cósmicas, as Trevas e a Noite, emergiram, o que, por sua vez, produziu outros elementos do cosmos. Assim como as Trevas e a Noite, os descendentes do Caos eram principalmente elementos intangíveis, como a Morte, o Sono e a Discórdia.

ORIGEM
A cosmogonia de Hesíodo já começa com o Caos, sem explicar o que o precedeu ou o que o criou.

REPRESENTAÇÃO
No século I d.C., o poeta romano Ovídio apresentou uma cosmogonia mítica diferente, na qual o mundo consistia inicialmente de matéria informe, Caos, dentro da qual reinava a confusão e a discórdia. Opostos guerreavam entre si: calor com frio, úmido com seco, duro com mole, pesado com leve. A natureza ou algum deus libertou esses elementos, trazendo ordem ao universo. Na versão de Ovídio, o Caos era de fato caracterizado por um estado de "profunda desordem".

TEMA RELACIONADO
Muitos mitos cosmogônicos falam de um ser ou substância inicial que contém em si muitos dos elementos que virão a constituir o cosmos. Exemplos disso são os mitos Tiamat (Mesopotâmia) e Ginnungagap (Escandinávia).

DADOS BIOGRÁFICOS
GAIA
Mãe-Terra
p. 18

URANO
O céu
p. 22

HADES
Reino dos Mortos
p. 82

TÁRTARO
Prisão cósmica dos deuses e monstros derrotados
p. 86

CITAÇÃO
William Hansen

Primeiro ser trazido à existência, o Caos é um vasto e escuro abismo.

EROS/CUPIDO

Eros era o deus grego da atração sexual, cujo correspondente romano é o Cupido. Em um dos relatos, Eros se revelava um dos quatro Deuses Primordiais. Ele corporificava o impulso criador da natureza. Outra versão o apresenta como filho de uma relação ilícita entre Afrodite e Ares. Em uma alegoria popular, Afrodite, com ciúmes da esplendorosa beleza da princesa siciliana Psiquê, diz ao filho Eros para acertar Psiquê com suas setas e fazer com que se apaixone por um monstro. Na confusão, Eros se arranha com uma das setas e fica perdidamente apaixonado pela garota. Ele atrai Psiquê até sua casa, mas permanece invisível. Eles fazem amor. Instigada por suas invejosas irmãs, Psiquê acende uma lamparina e vê Eros, que, queimado pelo óleo da lamparina, foge. Na tentativa de imitar o sucesso de Psiquê, as irmãs saltam de uma montanha, esperando que o Vento Oeste (Zéfiro) as carregue para a morada de Eros. Em vez disso, espatifam-se nas pedras. Psiquê procura Eros por toda parte e é submetida a terríveis provas impostas por Afrodite. Psiquê, porém, consegue por fim encontrar seu amado Eros, que se casa com ela e a transforma em deusa. Juntos, os dois têm uma filha, Hedonê ("prazer"). O conto de Apuleio *O asno de ouro* contém a versão romana clássica dessa história.

ORIGEM
Eros é a encarnação da atração sexual, atirando setas que atingem homens e mulheres e despertam o desejo recíproco.

REPRESENTAÇÃO
Na pintura e na escultura, Eros é retratado como um menino nu alado ou como um bebê armado com arco e uma aljava de setas. Na pintura antiga, é mostrado entre adultos, quando há atração sexual entre os humanos. Psiquê era a deificação da alma humana, retratada em mosaicos antigos como uma deusa com asas de borboleta (*psychê* é também o termo grego para "borboleta").

TEMA RELACIONADO
Deuses da fertilidade podem ser tanto masculinos como femininos e, com frequência, são um par, como no caso de Eros e Afrodite.

DADOS BIOGRÁFICOS
ARES/MARTE
Deus da guerra, pai de Eros
p. 40

AFRODITE/VÊNUS
Deusa do amor e da beleza
p. 50

CITAÇÃO
Barry B. Powell

Às vezes tido como fruto de um amor ilícito entre Afrodite e Ares, Eros é o deus do desejo sexual.

GAIA

"Terra de amplo seio, assento seguro" (nas palavras de Hesíodo, poeta da Grécia antiga), Gaia emergiu no início da criação, depois do Caos. Desenvolvendo-se a partir de uma entidade viva até virar uma personalidade cabal, Gaia como virgem concebeu Urano (o céu) e produziu com ele uma poderosa linhagem de filhos, liderada pelos Titãs. Nas impressionantes lutas edipianas geracionais do antigo mito grego, o papel de Gaia é ambíguo. Quando Urano, com receio de seus filhos, enterra-os de volta no ventre de Gaia, ela dá ao filho mais novo, Cronos, a foice adamantina para castrar o pai; no entanto, Cronos, por sua vez, passa a devorar os próprios filhos, e Gaia liberta o mais jovem, Zeus, para usá-lo como arma contra Cronos. Mas quando Zeus aprisiona o pai, Gaia dá à luz o terrível monstro serpentino Tifão para atacar Zeus, com o único objetivo de que fizessem as pazes e ela o aconselhasse a neutralizar a ameaça da filha dele, Atena. A combinação de Gaia nutriz e Gaia destruidora refletia as ansiedades masculinas dos gregos em relação ao poder da mulher e da mãe. Fundamentalmente, Gaia era a própria Terra, uma mãe ao mesmo tempo benfazeja e cruel, tanto útero quando túmulo para todas as gerações da vida terrena.

ORIGEM
Gaia era a primordial "Mãe-Terra", a mais antiga das deusas — e, para muitos, a mais poderosa até os dias de hoje.

REPRESENTAÇÃO
A partir da década de 1970, o cientista James Lovelock propôs o que chamou (por sugestão do romancista William Golding) de "Hipótese Gaia" — nome que reforçava o conceito da Terra como organismo vivo, único, complexo, autorregulado, do qual os seres humanos são parte. Enquanto os cientistas continuam debatendo a teoria de Lovelock, Gaia permanece como figura poderosa para os movimentos pagãos e ambientalistas.

TEMA RELACIONADO
Quase todas as mitologias personificam a Terra como a deusa-mãe. Os egípcios são exceção, pois para eles a Terra é masculina (Geb), e o céu, feminino (Nut).

DADOS BIOGRÁFICOS
CAOS
A entidade cósmica primordial com a qual começou a criação
p. 14

URANO
O céu, filho e marido de Gaia
p. 22

TITÃS
Filhos de Gaia e Urano, a primeira geração de deuses
p. 24

ZEUS/JÚPITER
Rei do Olimpo, deus dos céus
p. 32

CITAÇÃO
Geoffrey Miles

Gaia é a deusa da Terra primordial e a avó de Zeus.

c. 750/700 a.C.
Nasce

c. 700/650 a.C.
Compõe a *Teogonia*

c. 700/650 a.C.
Compõe *Os trabalhos e os dias*

c. 700/650 a.C.
Compõe *Catálogo das mulheres*

1493
Primeira edição impressa de *Os trabalhos e os dias*

1495
Obras completas são publicadas em Veneza

1981
A *Teogonia* é traduzida por Jaa Torrano

2012
Os trabalhos e os dias é traduzido por Alessandro Rolim de Moura

HESÍODO

Junto com Homero, Hesíodo é um dos pais da poesia grega. É tido como autor de numerosas obras, mas apenas duas são dele com certeza: *Os trabalhos e os dias* e a *Teogonia*. Se foi uma só e mesma pessoa que compôs essas duas obras, ainda é uma questão em aberto, da mesma forma que ainda se discute se a *Ilíada* e a *Odisseia* são do mesmo autor. Sabe-se pouco sobre Hesíodo, além do que podemos deduzir de evidências internas. O certo é que lamentava as dificuldades e injustiças da vida, e o fato de os humanos viverem à mercê dos deuses, do mundo físico e também uns dos outros.

Hesíodo herdara do pai um pequeno lote de terras ao pé do monte Hélicon (lar das Musas). Seus carneiros pastavam nas encostas baixas e bebiam de uma das fontes sagradas — a Hipocrene.

A *Teogonia* é a principal fonte da cosmogonia grega, cobrindo a criação, a evolução e descida dos deuses e a hegemonia final de Zeus. *Os trabalhos e os dias* é dirigido ao irmão de Hesíodo, Perses, com quem ele teve uma disputa em razão da divisão da herança do pai. Enquanto Hesíodo era prudente, Perses era perdulário e pediu um empréstimo ao irmão. Em resposta, Hesíodo compôs *Os trabalhos e os dias*, no qual lamenta as injustiças da sociedade e as dificuldades da vida — bocas demais para alimentar —, mas também defende a dignidade do trabalho. *Os trabalhos e os dias* descreve, além disso, técnicas de cultivo, a história de Prometeu e Pandora e o mito das Eras — sobre a perda do equivalente ao Paraíso.

Em contraste com Homero, que fala aos reis mais do que ao povo, Hesíodo se dirige aos colegas fazendeiros e a outras pessoas comuns. Homero e Hesíodo, escrevendo com independência um do outro, mesmo assim concordam bastante sobre os elementos que constituem o Panteão, embora tenham divergências quanto às ênfases e aos detalhes. Juntos, Homero e Hesíodo constituem o equivalente da Bíblia grega. Hesíodo dispõe sobre os mitos da criação e da queda; Homero fornece elementos para a história humana subsequente.

URANO

Segundo Hesíodo, Urano nasceu de Gaia e depois se tornou seu marido. Ele odiava os próprios filhos e enfiou-os de volta nas entranhas de Gaia, impedindo-os de sair. Gaia conspirou então com seu filho Cronos, um Titã, a fim de superar Urano, e lhe deu uma foice adamantina (de ferro, provavelmente). Cronos ficou à espreita, dentro de Gaia. Quando Urano a procurou com desejo, Cronos cortou os genitais do pai, que caíram no mar. O sangue da ferida se derramou sobre a terra, de onde emergiram os Gigantes ("nascidos da terra"), as Erínias (as "Fúrias") e as Melíades (as ninfas dos freixos). Da espuma que se juntou em volta dos genitais sobre o mar nasceu Afrodite (por falsa etimologia, "a que nasceu da espuma"). A história atribui a criação à separação ou diferenciação que ocorre entre os deuses ou os elementos — um processo mitológico comum. Urano e Gaia estavam, com efeito, presos um ao outro em perpétuo abraço, não cedendo espaço para o surgimento do mundo. Depois que Urano foi castrado, os Titãs e demais filhos de Urano e Gaia conseguiram emergir, e deu-se então a criação do mundo.

ORIGEM
Urano ("céu") era um deus grego primordial que impedia o progresso do mundo por meio de suas tirânicas exigências sexuais sobre Gaia ("Terra").

REPRESENTAÇÃO
A versão de Hesíodo remete à abordagem da psicanálise. Há a relação incestuosa entre Gaia e Urano — o filho que se torna marido da própria mãe e, portanto, pai dos filhos dela. Além disso, ocorre a substituição edipiana de Urano por seu filho Cronos, e depois de Cronos por seu filho Zeus.

TEMA RELACIONADO
Na mitologia hitita, Kumarbi morde os genitais do pai, Anu, o deus-céu, e engravida, dando então à luz o deus-tempestade, Teshub, que depõe Kumarbi.

DADOS BIOGRÁFICOS
CAOS
A primeira entidade primordial
p. 14

GAIA
Mãe-Terra
p. 18

TITÃS
Filhos de Gaia e Urano
p. 24

CITAÇÃO
Barry B. Powell

Urano, o deus-céu primordial grego, é um tirano sexual.

TITÃS

Gaia e Urano deram origem à raça dos Titãs, que guerrearam sem sucesso contra os Olímpicos na grande Titanomaquia, que durou dez anos. O significado de "Titã", apesar das várias hipóteses, permanece obscuro. Em geral, os Titãs simbolizavam as forças poderosas da natureza, não controladas pelo governo racional e patriarcal dos Olímpicos. Raramente eram representados na arte e despertaram poucos cultos. Dois Titãs notáveis foram os aquáticos Oceano, macho, e Tétis, fêmea, provavelmente derivados do babilônico e também aquático Tiamat. Oceano era um rio que rodeava o mundo. Segundo Homero, Oceano e Tétis deram origem a todos os outros deuses. Oceano também alimentava de água todos os poços, fontes e rios. De Oceano e Tétis surgiram as 3 mil Oceânides, espíritos dos mares, dos rios e das fontes. Havia ainda outros Titãs, como Febe, talvez associada ao céu, e Têmis, que representava tudo o que é fixo e assentado. Têmis controlava o Oráculo de Delfos, antes que este passasse a Apolo, e teve também filhos de Zeus, assim como a Titã Mnemosine, "Memória". Cronos e Reia eram pais ou avós dos Doze Olímpicos, entre eles o próprio Zeus.

ORIGEM
Os Titãs, dotados de poder impressionante, eram filhos de Gaia e Urano. Foram derrotados pelos Olímpicos, sob a liderança de Zeus, em uma árdua e longa batalha.

REPRESENTAÇÃO
Jápeto e Têmis eram pais de Prometeu, que, como filho de um Titã, teve uma disputa longa com Zeus, responsável por derrotar e prender os Titãs. Em suas obras *Teogonia* e *Os trabalhos e os dias*, Hesíodo retrata Prometeu como um trapaceiro, que tenta enganar Zeus e roubar o fogo para a humanidade. Prometeu teve como punição uma águia devorando-lhe o fígado por toda a eternidade.

TEMA RELACIONADO
Mitos similares sobre uma guerra no céu aparecem em todo o mundo — por exemplo, nas guerras nórdicas entre os Aesir e os Vanir, na guerra entre Tiamat e Marduk na Babilônia e na guerra entre Deus e Satã na doutrina cristã.

DADOS BIOGRÁFICOS
PROMETEU
Deus rebelde, que roubou o fogo para a humanidade
p. 26

ZEUS/JÚPITER
Rei do Olimpo, deus dos céus
p. 32

TÁRTARO
Prisão dos Titãs e também o deus dessa prisão
p. 86

CITAÇÃO
Barry B. Powell

Os Titãs, filhos de Gaia e Urano, guerrearam contra os Olímpicos pelo controle do mundo, mas perderam.

PROMETEU

Nos primeiros dias do cosmos,

os deuses do Olimpo reuniam-se com humanos para decidir como a carne seria dividida entre eles. Prometeu, filho do Titã Jápeto, era o intermediador. Um boi foi sacrificado, e Prometeu dividiu-o em duas pilhas. Uma era de carne boa, coberta por miúdos, a outra de ossos, coberta com uma exuberante camada de gordura. Prometeu pediu que Zeus escolhesse sua pilha, e Zeus optou pela de boa aparência, mas que continha quase só ossos. Quando percebeu que havia sido enganado, Zeus ficou furioso e tirou o fogo da humanidade. Assim, os homens teriam carne, mas não poderiam assá-la (em outra versão, Zeus sabia do truque mas escolheu a pilha pior a fim de poder punir os humanos mais tarde). Então, Prometeu roubou o fogo dos deuses e o deu à humanidade. Zeus ficou mais enfurecido ainda e concebeu punições para a humanidade e também para seu defensor divino. Para a humanidade, inventou a mulher, mandando o deus dos artesãos, Hefesto, modelar em argila a primeira, Pandora. Ela foi impingida ao irmão de Prometeu, o mentecapto Epimeteu. Quanto a Prometeu, Zeus mandou amarrá-lo a uma encosta de montanha, onde uma águia ia todos os dias torturá-lo, comendo pedaços de seu fígado.

ORIGEM
Prometeu era um deus rebelde que defendeu os interesses da humanidade contra os deuses que comandavam o Olimpo.

REPRESENTAÇÃO
Prometeu combina dois papéis que aparecem muitas vezes nas mitologias: o de herói da cultura e o de trapaceiro. Um herói da cultura favorece a civilização humana ao superar obstáculos e ao fornecer aos humanos informações ou suprir-lhes necessidades básicas — como quando Prometeu rouba o fogo dos deuses para ofertá-lo à humanidade. Um trapaceiro sobrevive pela esperteza, como quando Prometeu engana Zeus e o faz escolher a pilha de ossos, garantindo aos humanos uma porção de carne melhor que a dos deuses.

TEMA RELACIONADO
Em alguns mitos, heróis da cultura e trapaceiros são personagens diferentes; em outros, o mesmo personagem. O coiote, na cultura dos nativos americanos, é exemplo de personagem que acumula esses dois papéis.

DADOS BIOGRÁFICOS
TITÃS
Primeira família de deuses
p. 24

ZEUS/JÚPITER
Rei dos deuses
p. 32

HEFESTO/VULCANO
Deus dos artesãos
p. 38

HERMES/MERCÚRIO
Mensageiro dos deuses
p. 54

CITAÇÃO
William Hansen

Rebelde sagaz que despertou a ira de Zeus ao roubar o fogo e dá-lo à humanidade, Prometeu foi punido por sua insolência.

OLÍMPICOS

OLÍMPICOS
GLOSSÁRIO

Ciclopes Nome do grupo de gigantes de um olho só que aparecem em várias passagens da mitologia grega. Segundo a *Teogonia* de Hesíodo, os Ciclopes eram descendentes de Urano e Gaia que forjaram para Zeus o raio que foi tão eficaz para os Olímpicos derrotarem os Titãs. O Ciclope Polifemo, filho de Posêidon, foi enganado por Odisseu no célebre relato e vingado depois pelo pai.

culto a Zeus O grande oráculo de Dodona, na região do Épiro, noroeste da Grécia, era a sede do culto a Zeus e considerado o mais antigo oráculo da Grécia, datado do 2º milênio a.C. As profecias eram feitas por sacerdotes descalços, conhecidos como *helloi* ou *selloi*, que interpretavam os oráculos ouvindo as folhas de um carvalho sagrado farfalhando na brisa. Mais tarde, foram substituídos por sacerdotisas. O santuário de Dodona é associado a Dione, que em certas versões é uma forma de "deusa da terra".

Curetes Espíritos cretenses das montanhas, responsáveis pelo pastoreio, pela caça, pela manutenção de apiários e pela metalurgia. Na *Teogonia* de Hesíodo, Gaia esconde o menino Zeus em Creta, para que Cronos não o encontrasse. Ela pede aos Curetes que cuidem dele — o som do choro do bebê era abafado por seus ruidosos rituais. Os Curetes, que adoravam Reia, são com frequência identificados com os Coribantes frígios, que veneravam a contrapartida frígia, Cibele.

égide Ampla veste ou colar cerimonial (com frequência destinado a apoiar ou carregar um escudo) usado para ostentar que seu usuário conta com a proteção de um poder divino. A égide remonta às antigas civilizações da Núbia e do Egito. Na mitologia grega, tanto Zeus quanto Atena são descritos usando uma égide feita por Hefesto, o artesão divino. A palavra é empregada hoje no sentido de "proteção", como em "sob a égide dos Estados Unidos".

Mistérios Eleusinos Rituais sagrados realizados anualmente na cidade de Elêusis, situada a noroeste de Atenas, em homenagem às deusas Perséfone e Deméter. Acredita-se que remontam ao período micênico, e estavam entre as mais importantes cerimônias do calendário da Grécia antiga. Eram uma combinação de iniciação secreta e celebração, e tinham, em seu cerne, o conceito de morte e renascimento. Ao que parece, as festividades duravam cerca de nove dias no mês de setembro e estavam intimamente associadas à semeadura — sendo Deméter a deusa dos grãos e da fertilidade.

onipotência Embora os deuses da mitologia clássica fossem poderosos, nenhum era onipotente ou todo-poderoso. Até Zeus era desafiado por outros deuses, dos quais às vezes tinha medo, e era incapaz de superar as Moiras ou Parcas, que ditavam o Destino. O termo é mais usado em religiões monoteístas, mas mesmo as que têm um só deus nem sempre o consideram onipotente. O conceito é mais filosófico do que de uso corrente.

partenogênese Literalmente, "nascimento de virgem". Forma de reprodução assexuada, comum no mundo animal, a partenogênese é bastante citada na mitologia clássica. Muitas das deusas principais, da primordial Gaia a Hera, esposa e irmã de Zeus, são capazes de reprodução sem intercurso sexual. O nascimento de Atena da cabeça de Zeus não foi partenogênico, pois Atena já havia sido concebida pela deusa Métis. O termo também é usado para descrever o nascimento de Jesus.

psicopompo Nome dado a uma entidade que guia a alma dos recém-falecidos no outro mundo, ou na vida pós-morte. Há muitos exemplos de psicopompos na mitologia clássica, como Caronte, Hermes, Hécate e Morfeu.

tridente Grande lança de três pontas associada a Posêidon (Netuno). Posêidon usava seu tridente de várias maneiras, mas principalmente para criar fontes de água, causar terremotos e provocar tempestades. Os Tritões também são muitas vezes descritos portando tridentes.

Tritões O equivalente masculino das Sereias. Retratados com barba, cabelo verde e um tridente, tinham cabeça, braços e torso humanos, mas rabo de peixe em vez de pernas. Os dois Tritões mais famosos da mitologia grega são Tritão, filho de Posêidon, e Glauco, um pescador humano transformado após ingerir uma planta mágica.

ZEUS/JÚPITER

Além de deus dos céus, Zeus respondia pelos costumes sociais — era protetor dos reis e dos desconhecidos. De nome romano Júpiter, também corporificava o Estado e seu inevitável poder militar. Zeus era o filho mais novo de Cronos e Reia. Apesar de casado com Hera, era famoso por suas aventuras amorosas, que resultaram em uma prole numerosa. Cronos gerou descendentes com sua esposa, Reia, mas, assim como o pai, era um tirano e os devorou tão logo nasceram. Quando Zeus, último filho de Reia, veio à luz, ela deu a Cronos uma pedra envolta em fraldas, que ele engoliu achando que fosse o rebento. Reia em segredo levou Zeus até Creta, onde ele foi criado em uma caverna. Seus seguidores, chamados Curetes, ficavam batendo seus escudos fora da caverna para abafar o choro do bebê. Quando Zeus cresceu, destronou Cronos e obrigou-o a vomitar os filhos que havia engolido. Seguiu-se então a Titanomaquia, a batalha contra os Titãs, na qual, graças ao raio manufaturado pelos Ciclopes, Zeus e os Olímpicos saíram vitoriosos. Apesar de sua supremacia, Zeus não era onipotente. Ele foi desafiado por outros deuses e estava também sujeito ao Destino.

ORIGEM
Zeus (o Júpiter dos romanos) era o rei dos deuses e chefe da família Olímpica — segundo Homero, "pai de deuses e de homens".

REPRESENTAÇÃO
Em Dodona, no Épiro, no remoto noroeste da Grécia, havia um culto a Zeus centrado em um carvalho sagrado. As sacerdotisas faziam profecias a partir do farfalhar das folhas da árvore. Em Dodona, a esposa de Zeus era Dione, uma forma feminina de Zeus, e não Hera. Dione pode ter sido a consorte original de Zeus antes que os gregos chegassem à península dos Bálcãs e adotassem um culto local da deusa-mãe (ou seja, Hera).

TEMA RELACIONADO
Em sânscrito, existe o deus Dyaus Pita, "pai Zeus", similar ao deus greco-romano. Na mitologia nórdica, o nome do deus Tyr ("Terça-Feira") tem a mesma raiz indo-europeia.

DADOS BIOGRÁFICOS
URANO
Pai dos Olímpicos
p. 22

HERA/JUNO
Rainha dos deuses, esposa de Zeus/Júpiter
p. 34

CITAÇÃO
Barry B. Powell

Filho mais novo de Cronos e Reia, Zeus é o rei dos deuses e foi seu líder na vitória contra os Titãs. Amante prodigioso, é pai de muitos deuses e heróis.

HERA/JUNO

Como filha de Cronos, antigo

soberano do Universo, Hera nunca poderia ficar satisfeita com o segundo lugar, embora estivesse em plano inferior como esposa de seu irmão Zeus. Estava longe, porém, de ser uma esposa submissa, exceto nas ocasiões em que Zeus conseguia coagi-la por meio de ameaças de violência doméstica. Havia razões para ela ficar intimidada: seu marido uma vez a dependurara do topo do Olimpo pelos pulsos, com os pés presos a bigornas. Na maioria das vezes, porém, a raiva dela se voltava às diversas amantes de Zeus e a seus filhos ilegítimos, e não ao próprio deus. Héracles, o mais ilustre descendente mortal de Zeus, foi o que ela perseguiu com mais insistência até morrer. Depois que ele se tornou imortal, Hera deu-lhe sua filha Hebe como esposa. Ao contrário do marido, Hera não tinha amantes, mas também conseguia gerar filhos sem ele. Quando Zeus fez sair Atena da própria cabeça, após manter relações com a deusa Métis, Hera revidou produzindo Hefesto por partenogênese ("nascimento sem intercurso sexual"), ou seja, totalmente por sua conta. Numa versão romana dessa história, depois que Minerva surge da cabeça de Júpiter, Flora dá a Juno uma erva mágica para engravidá-la de Marte.

ORIGEM
Hera, associada pelos romanos à sua deusa dos casamentos, Juno, era ao mesmo tempo irmã de Zeus e rainha.

REPRESENTAÇÃO
Zeus e Hera não eram considerados um velho casal, embora tivessem se casado na época em que Zeus adquiriu sua supremacia. A razão é que, ao se banhar todo ano na fonte sagrada de Argos, Hera readquiria sua virgindade e celebrava seu casamento mais uma vez. Uma "mulher comum", foi venerada em Estínfalo como virgem, esposa e — fato intrigante, em vista do status imortal do marido — também como viúva.

TEMA RELACIONADO
Como rainha do Olimpo, Hera compartilhou alguns traços com a grande deusa fenícia Astarte e com a mesopotâmica Ishtar.

DADOS BIOGRÁFICOS
ZEUS/JÚPITER
Rei do Olimpo, deus dos céus
p. 32

HEFESTO/VULCANO
Deus dos artesãos, ferreiro dos deuses
p. 38

ARES/MARTE
Deus da guerra, filho de Zeus e de Hera
p. 40

HÉRACLES/HÉRCULES
Herói grego de imensa força
p. 96

CITAÇÃO
Susan Deacy

Hera vive presa a um casamento conflitante com Zeus, cujas infidelidades estimulam repetidos atos de perseguição vingativa.

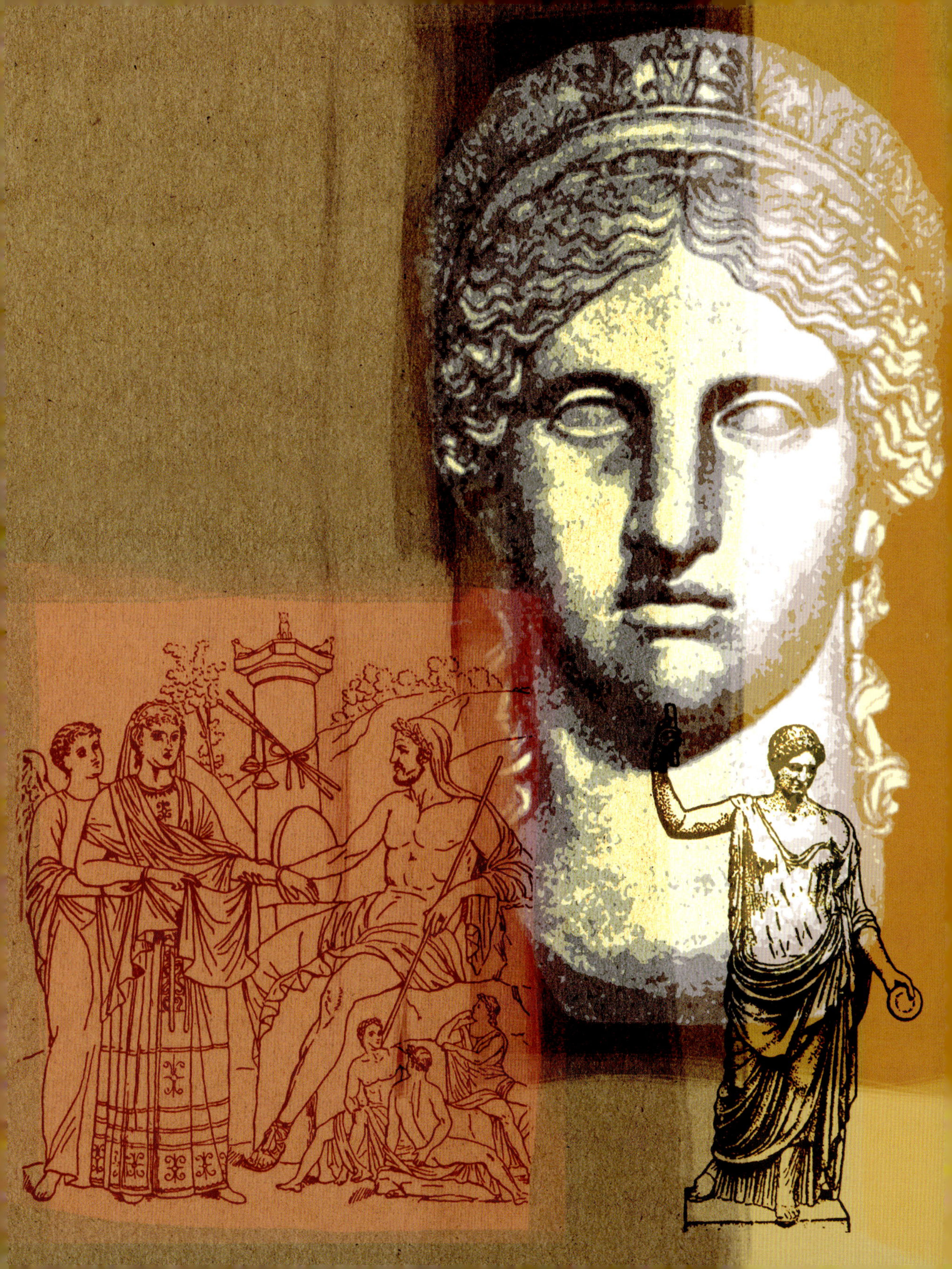

POSÊIDON/NETUNO

Junto com seus irmãos, Zeus e Hades, Posêidon persegue a soberania no mundo. Zeus ficou com o céu, Hades com o mundo subterrâneo e Posêidon com o mar. O emblema de Posêidon é o tridente, lança de três pontas com a qual perfurava o chão e fazia brotar fontes. Sua consorte mais importante, entre as várias que tinha, era a ninfa do mar Anfitrite, e juntos tiveram um filho, Tritão. Quando Posêidon e Atena competiram pelo patrocínio da cidade de Atenas, Posêidon atingiu a Acrópole com seu tridente, e uma fonte salina brotou. Atena, porém, plantou uma oliveira e foi escolhida pelos atenienses como a divindade da cidade. Para se vingar, Posêidon inundou a planície da Ática, sobre a qual se situa Atenas. Posêidon era pai de Teseu e de muitos outros heróis, mas alguns de seus filhos eram mais que humanos. Em um dos mitos, Posêidon corteja a deusa Deméter, mas seu amor não é correspondido. Para evitá-lo, ela toma a forma de uma égua. Posêidon, então, transforma-se num garanhão e a cobre; seu descendente é o cavalo mágico Árion. Ao contrário de outros deuses aquáticos primordiais, Posêidon tem uma personalidade bem desenvolvida e separada do fenômeno natural que ele controla.

ORIGEM
Filho dos Titãs Cronos e Reia, Posêidon — associado ao deus romano Netuno — era o poderoso deus dos mares, dos terremotos e dos cavalos.

REPRESENTAÇÃO
Como punição por uma divergência, Zeus obrigou Posêidon e Apolo a servir o rei Laomedonte de Troia. Laomedonte ordenou que os dois construíssem os sólidos muros de Troia, mas depois se recusou a pagar o prometido. Para punir os troianos, Posêidon mandou um imenso monstro marinho atacar a cidade. Héracles o matou em troca da filha de Laomedonte. Posêidon era o divino inimigo de Odisseu porque este cegara seu filho, o Ciclope Polifemo. Posêidon retardou por dez anos o retorno de Odisseu para Ítaca, seu lar.

TEMA RELACIONADO
Outros deuses aquáticos da mitologia são o egípcio Nun e o babilônico Tiamat.

DADOS BIOGRÁFICOS
POLIFEMO
Ciclope, filho de Posêidon
p. 68

ODISSEU/ULISSES
Rei de Ítaca, cujo Cavalo de Troia levou à queda da cidade
p. 102

TESEU
Herói de Atenas, filho de Posêidon
p. 106

CITAÇÃO
Barry B. Powell

Deus dos mares, Posêidon, assim como seu irmão Zeus, envolve-se em muitas conquistas sexuais. O emblema de Posêidon é seu tridente.

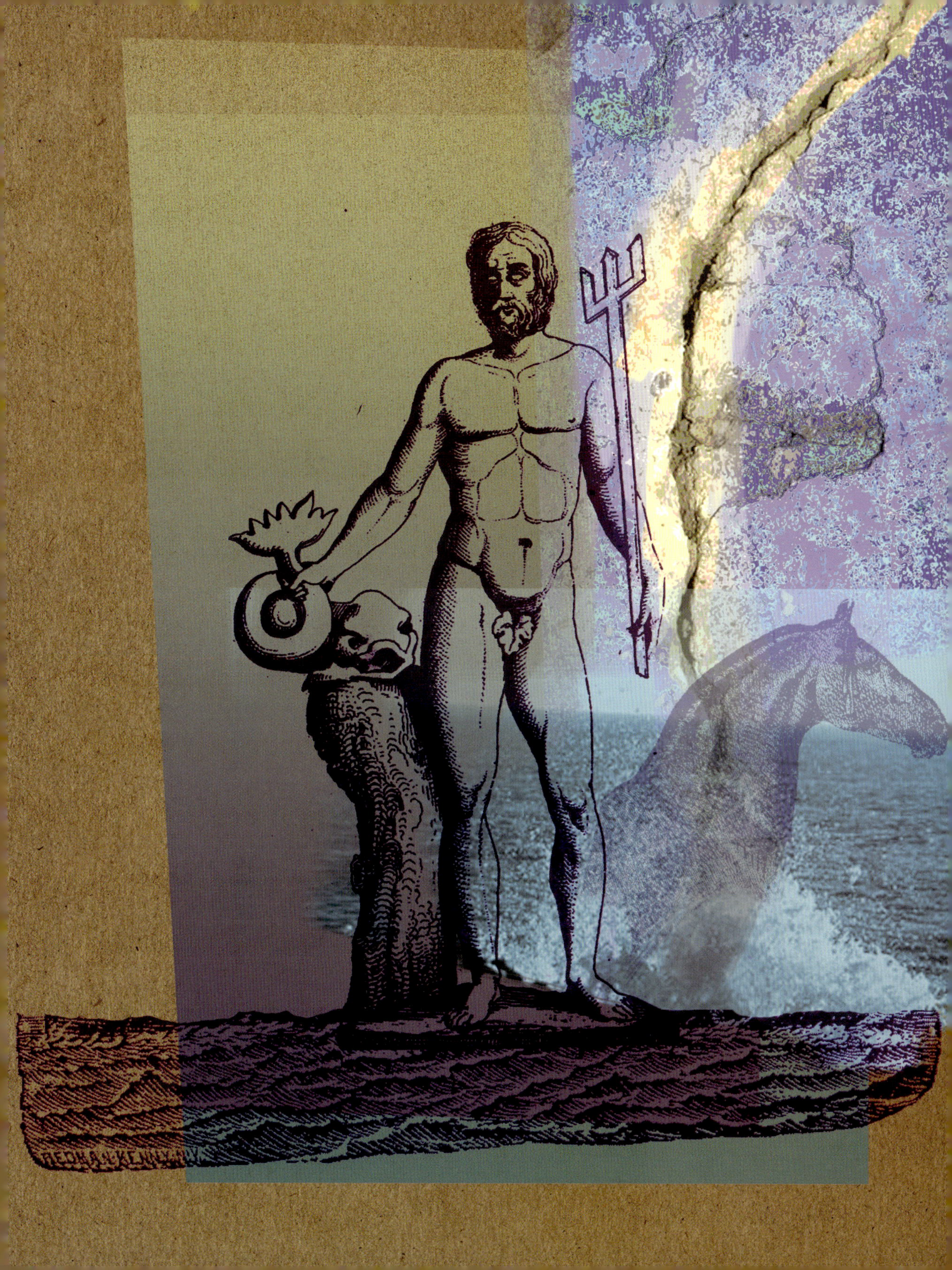

HEFESTO/VULCANO

Hefesto foi retratado como filho de Zeus e Hera e, também, como filho só dela. Nessa última versão, a mãe o teria concebido espontaneamente para se vingar do marido quando ele fez nascer Atena. O fato de que em algumas versões foi Hefesto que permitiu o nascimento de Atena é mais um exemplo de flexibilidade mitológica, tal qual ocorre com a questão de como Hefesto ficou manco – ou foi o horror de Hera por ter produzido um filho aleijado que a levou a arremessá-lo do Olimpo ou a queda que lhe causou a invalidez. O fato de mancar fez Hefesto ser marginalizado no Olimpo, por mais que as demais divindades precisassem de suas habilidades únicas como artesão. Além de equipar os deuses com suas várias armas e outros artefatos, ele ajudava alguns Olímpicos a sair de circunstâncias complicadas. Quando Atena, por exemplo, ficou entalada, já totalmente desenvolvida, dentro da cabeça de Zeus, foi o golpe de machado de Hefesto que a libertou. Seu talento artesanal também o ajudou a reverter algumas situações a seu favor, como quando sua infiel esposa, Afrodite, viu-se presa com seu amante Ares em uma rede tão fina que era praticamente invisível.

ORIGEM
Hefesto — identificado com o romano Vulcano — era o deus dos artesãos, cujo talento em fabricar intricados objetos era tido como inigualável.

REPRESENTAÇÃO
Além de produzir objetos indestrutíveis e maravilhosos – como a égide de Atena, a cinta de Afrodite e a armadura de Aquiles –, tão bem elaborados que pareciam ter vida, Hefesto foi crucial para a criação de seres humanos específicos, como a primeira mulher, Pandora, e Erictônio, que ao se tornar o primeiro rei de Atenas garantiu aos atenienses o status de "filhos de Hefesto".

TEMA RELACIONADO
Hefesto compartilha traços de vários deuses astutos, às vezes chamados de "ardilosos", como Enki, da mitologia suméria, e várias figuras da mitologia dos nativos americanos.

DADOS BIOGRÁFICOS
ZEUS/JÚPITER
Rei do Olimpo, deus dos céus
p. 32

HERA/JUNO
Rainha dos deuses, esposa de Zeus/Júpiter
p. 34

AFRODITE/VÊNUS
Deusa do amor e da beleza
p. 50

ATENA/MINERVA
Deusa da sabedoria, da guerra e da justiça
p. 52

CITAÇÃO
Susan Deacy

Conhecido por sua habilidade artesanal e por sua engenhosidade, o manco Hefesto era casado com a deusa do amor, Afrodite.

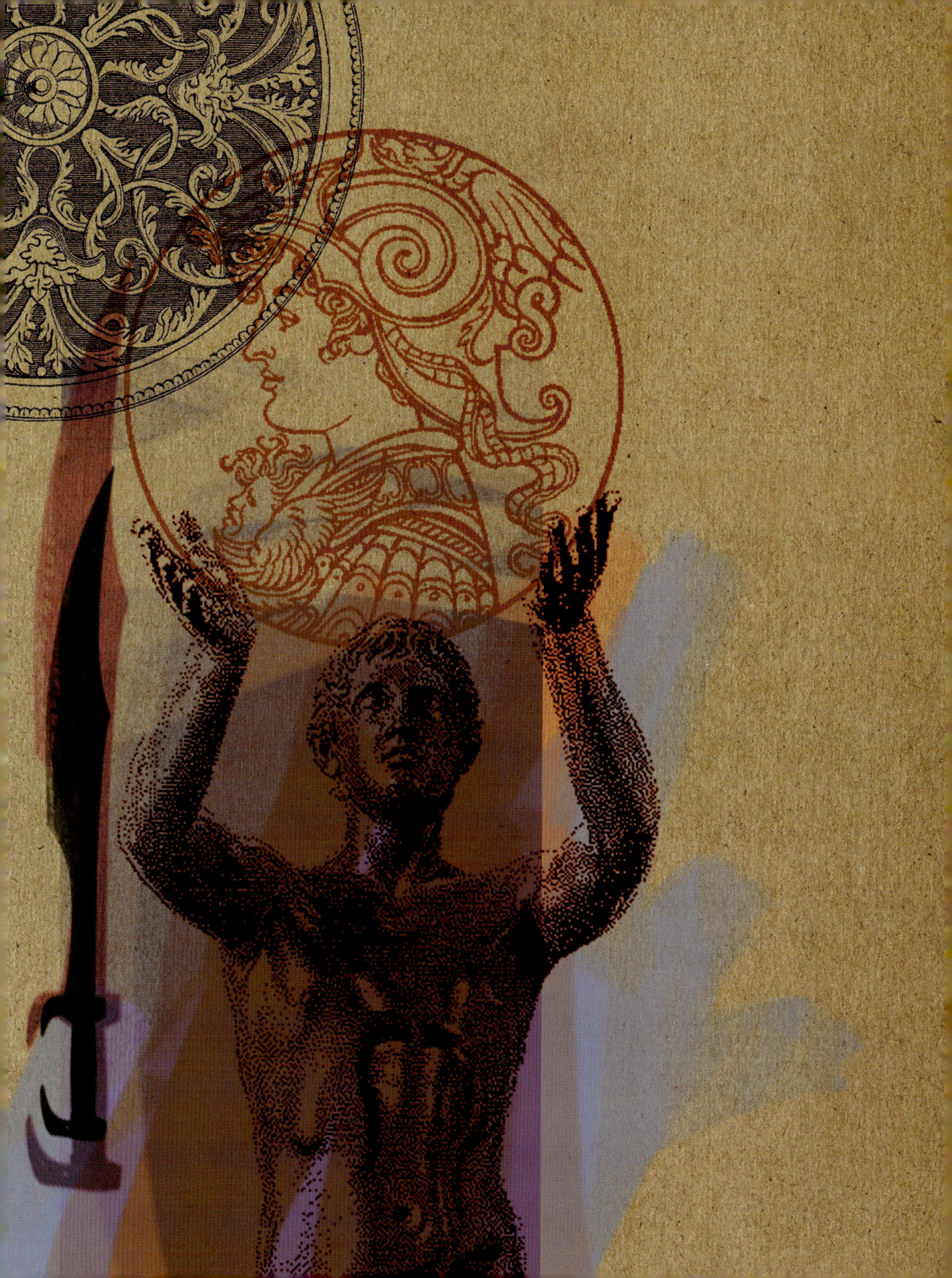

ARES/MARTE

O nome do deus romano Marte talvez derive da mesma raiz que Ares, o deus grego da guerra, mas Marte representava a coragem heroica, enquanto Ares era mais associado à violência e à sede de sangue próprias da guerra. Ares, portanto, era bem diferente de Atena, que regia a inteligência militar e o pensamento estratégico. O oposto de Ares era Afrodite, deusa do amor. Mesmo assim, os dois se tornaram amantes, embora ela fosse casada com o aleijado deus Hefesto, que ela desprezava. O deus-sol Hélios, que tudo vê, informou Hefesto do caso amoroso, e então o deus artesão inventou uma armadilha feita de fina malha de ouro suspensa sobre a cama nupcial. Disse à mulher que estava indo para Lemnos, mas voltou em seguida e flagrou Ares na cama com Afrodite. Então acionou a armadilha, e a malha aprisionou os dois nus. Todos os demais Olímpicos vieram olhar e rir, mas as deusas se retiraram por pudor. Por fim, os amantes foram soltos. Ares foi para a Trácia, sua terra natal, e Afrodite seguiu para Pafos, em Chipre, onde havia nascido. Deimos ("terror") e Fobos ("medo") foram os filhos de Ares e Afrodite e hoje dão seus nomes às duas luas do planeta Marte.

ORIGEM
Um dos Olímpicos, Ares ("batalha" ou "maldição") era deus não só da guerra mas também da chacina e da sede de sangue, com as quais se deleitava.

REPRESENTAÇÃO
Ares tomou partido dos troianos na épica Guerra de Troia. Mas, apesar de todo o seu poder, como quando entrou no corpo de Heitor e fez recuar as linhas gregas quase que com uma mão só, não foi capaz de conceder a vitória aos troianos. Em seu livro *O mal-estar na civilização*, Freud define o amor e a guerra (agressão) como os impulsos-chave dos humanos, vendo-os como opostos, exatamente como Afrodite e Ares.

TEMA RELACIONADO
Tyr, deus nórdico da guerra, era similar a Ares. De seu nome provém *Tuesday*, "terça-feira" em inglês. Ele foi vencido por Odin, ou Wotan, chefe dos deuses nórdicos e comparado a Zeus. Do nome Wotan surgiu *Wednesday*, "quarta-feira" em inglês.

DADOS BIOGRÁFICOS
HEFESTO/VULCANO
Deus do artesanato
p. 38
AFRODITE/VÊNUS
Deusa do amor e da beleza
p. 50

CITAÇÃO
Barry B. Powell

A sede de batalha de Ares se opõe à devoção de Afrodite pelo amor e pela beleza, mas mesmo assim os dois se tornaram amantes.

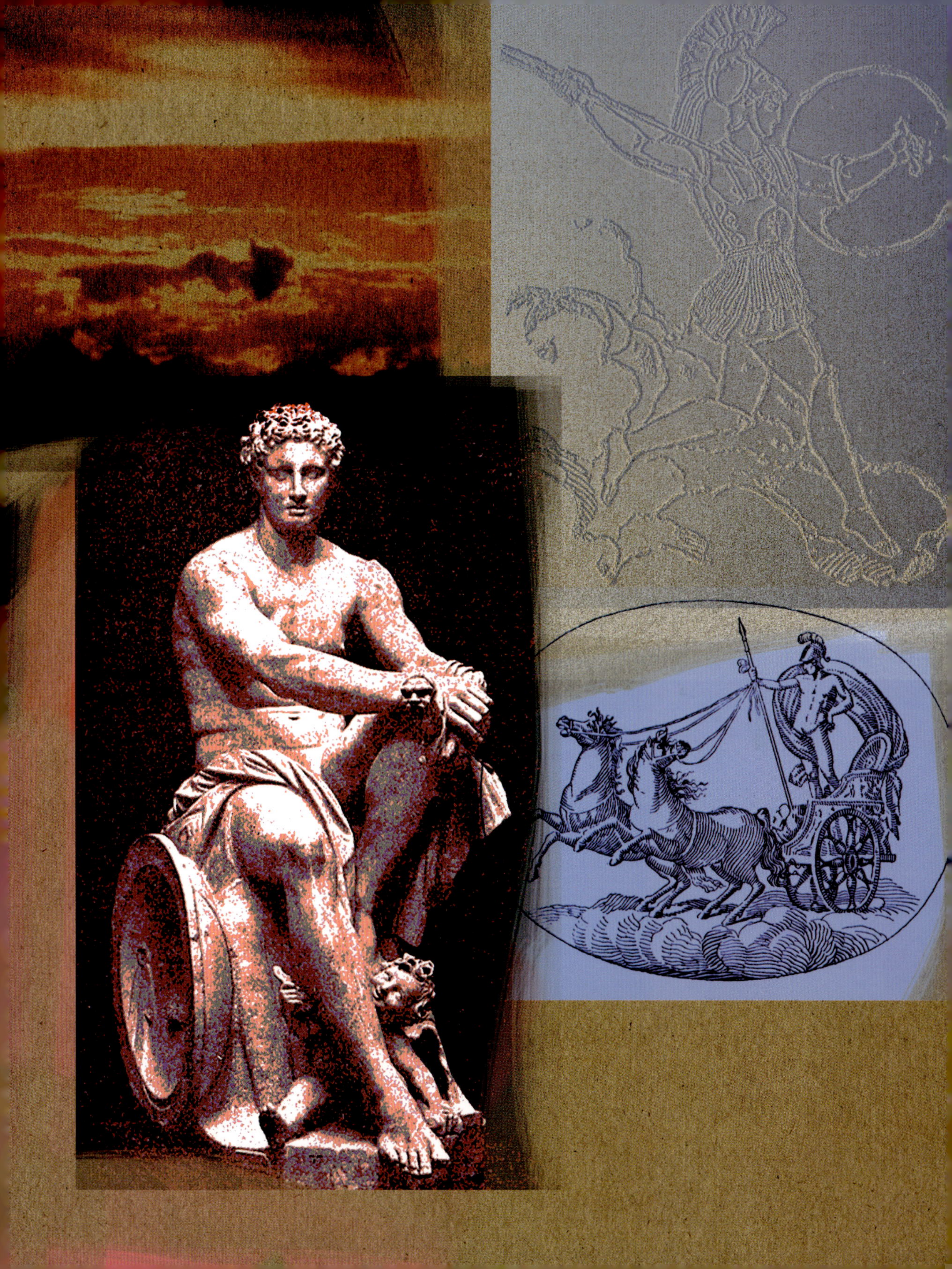

APOLO

O sempre jovial Apolo era filho
de Zeus e Leto e irmão gêmeo de Ártemis. Antes de ser integrado à família Olímpica, Apolo era temido pelas várias regiões da Terra e pelos deuses. Apenas Delos — uma ilha flutuante que podia reivindicar não ser, estritamente, um pedaço de "terra" — se dispôs a abrigar seu nascimento. Como confirmação da profecia de que iria "reinar solene entre os deuses e os mortais" (*Hino Homérico a Apolo*), Apolo, assim que chegou à casa de Zeus, esticou seu arco. Com medo, os outros deuses fugiram de seus tronos até que Leto o desarmou. Entre os feitos de Apolo está sua vitória sobre a serpente Píton, a antiga governante de Delfos, que a partir disso se tornou seu principal local de culto. Como revide a comentários sobre a honra de sua mãe, Apolo promoveu uma vingança com sua irmã gêmea e arqueira, Ártemis. Quando Níobe gabou-se de ser mais fértil do que Leto, os irmãos atiraram nos filhos dela, provocando sua morte. Algumas das atitudes de Apolo, no entanto, levaram a punições. Por ter matado os Ciclopes, por exemplo, foi obrigado por Zeus a passar um ano inteiro cuidando da criação de animais do mortal Admeto.

ORIGEM
Apolo, que veio a ser identificado com o deus-sol Hélios, era patrono da poesia, da profecia, da música, da medicina e das pragas.

REPRESENTAÇÃO
Apolo pregou – mas nem sempre praticou – a moderação na vida. Em várias ocasiões, suas tentativas de deflorar fêmeas falharam. Por exemplo, Cassandra preservou a virgindade, assim como sua colega profetisa, Sibila de Cumas; Dafne escapou do estupro transformando-se em um loureiro. Apesar desses fracassos, Apolo foi pai de vários filhos, entre eles o deus da medicina, Esculápio (com Coronis), o pastor Aristeu (com Cirene) e Íon, fruto do estupro de Creúsa.

TEMA RELACIONADO
O deus do Oriente Próximo que tem maior similaridade com Apolo é a divindade hurrita das pragas, Aplu.

DADOS BIOGRÁFICOS
ZEUS/JÚPITER
Rei do Olimpo, deus dos céus
p. 32

CITAÇÃO
Susan Deacy

Esse deus da música, da boa saúde e do Sol era também vingativo e causador de pragas, e algumas de suas amantes, assim como vários de seus inimigos, tiveram um final pouco afortunado.

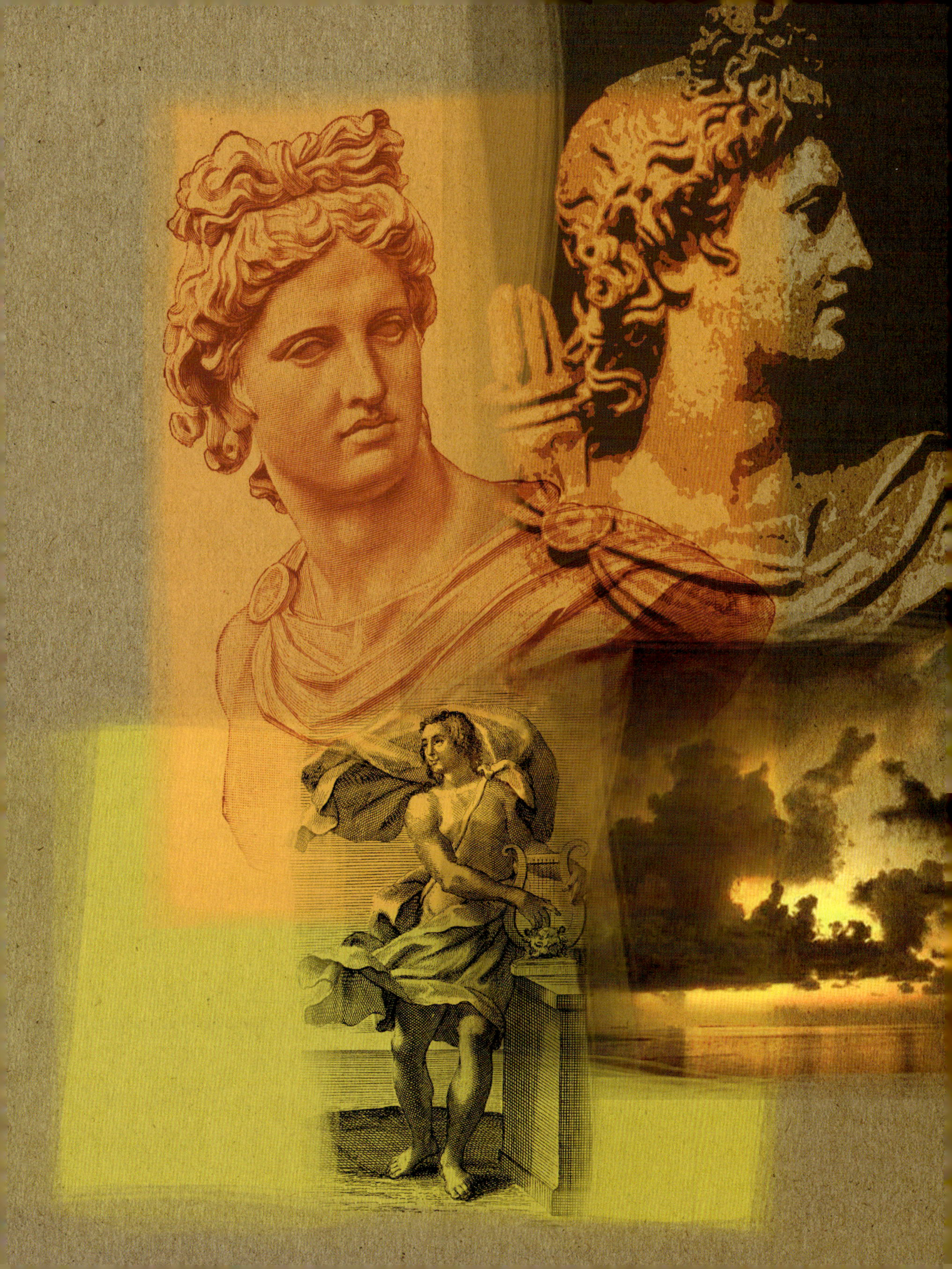

Século VIII a.C.
Homero ativo?

750 a.C.
Composição da *Ilíada* e depois da *Odisseia* — ambas antes de Hesíodo

Século II a.C.
Um texto "estabelecido" dos dois poemas é composto em Alexandria

Século XV
Homero é redescoberto no Renascimento italiano

1488
Primeira edição impressa da *Ilíada* e da *Odisseia*

1675-1676
Publicação da tradução de Thomas Hobbes de ambas as obras

1700
Publicação da versão de John Dryden para a *Ilíada*

1874
Publicação da tradução da *Ilíada* feita por Odorico Mendes

1898-1900
A *Ilíada* e a *Odisseia* são traduzidas por Samuel Butler

1928
Publicação da tradução da *Odisseia* feita por Odorico Mendes

2002
A *Ilíada* é traduzida por Haroldo de Campos

Embora seja um dos poetas da Grécia antiga mais conhecidos e autor de dois dos mais influentes poemas épicos da literatura ocidental — a *Ilíada* e a *Odisseia* —, sabe-se pouco sobre Homero. Ele pode ter nascido na ilha de Quios ou em Esmirna, na costa da Turquia. Uma antiga tradição defende que era cego (em alguns dialetos a palavra *omeros* é associada à cegueira). Heródoto insistia que Homero era anterior a ele em 400 anos, o que o situa por volta de 850 a.C. Outros sustentam que Homero foi testemunha (cego ou não) da Guerra de Troia e, portanto, deve ter vivido no século XII a.C. Uma terceira possibilidade é que tenha havido mais de um Homero, assim como talvez tenha existido mais de um Hesíodo. Os antigos, quase todos, acreditam que houve apenas um Homero, e a suposição de vários autores ganhou força apenas com o surgimento das modernas abordagens críticas de textos antigos. Os problemas de autoria são comuns, como ocorre com muitas das cartas atribuídas a São Paulo. Um dos mais famosos tradutores de Homero, Samuel Butler, defende ainda que Homero pode ter sido uma mulher.

Embora os estudiosos do século XX tenham em sua maioria voltado à antiga concepção de um só Homero, todos concordam que as duas obras apresentam visões diferentes das relações entre os deuses e entre deuses e humanos. Mesmo assim, ambas revelam uma mesma interpretação sobre o lugar que os deuses e o destino ocupam nos assuntos humanos. As obras enfatizam a natureza infeliz da vida no Hades após a morte. Além disso, destacam a necessidade de se enterrar os mortos. Acima de tudo, os dois textos, mas especialmente a *Ilíada*, são sobre aristocratas e não sobre gregos ou troianos comuns.

Ambos os poemas épicos, como outras obras antigas, foram originalmente orais e transcritos para o papel mais tarde. Alguns estudiosos defendem que os textos foram padronizados no século VIII a.C.; outros, que isso teria ocorrido no século VII a.C., ou seja, um século mais tarde. O alfabeto grego data do século VIII a.C., portanto os poemas não poderiam ter sido escritos antes. Sem dúvida, a *Ilíada*, que trata da origem e do último ano da Guerra de Troia, foi composta antes de a *Odisseia*, que é sobre a volta de Odisseu para casa após o fim da guerra. Mas quem foi Homero e, mesmo agora, quantos Homeros existiram são aspectos ainda debatidos pelos especialistas em estudos clássicos.

ÁRTEMIS/DIANA

Ártemis, identificada pelos romanos com Diana, era a perigosíssima deusa da caça, dos animais selvagens, das matas e, mais tarde, da Lua. Era responsável pelas mortes misteriosas de mulheres. Seus pais eram Zeus e a ninfa Leto, e ela é mostrada com frequência com seu arco e flecha e ao lado do irmão gêmeo Apolo, companheiro constante. Hera, furiosa com a infidelidade de Zeus com Leto, ordenou que esta não poderia dar à luz em nenhum lugar "que visse a luz do dia". Delos, no centro das Cíclades, era uma ilha flutuante, oscilando abaixo da superfície. Ali a sofrida Leto pariu Ártemis, que então imediatamente ajudou o irmão a nascer. A partir de então, passou a ser considerada protetora das mulheres no parto. Enquanto Ártemis se banhava, o caçador Acteão a viu nua. Ofendida e envergonhada, ela o transformou em um cervo. Os cães do próprio Acteão, não reconhecendo mais o dono, despedaçaram-no. Níobe considerava-se melhor do que Leto por ter tido sete meninos e sete meninas, enquanto Leto concebera apenas Ártemis e Apolo. Em represália, Apolo matou os filhos dela com suas flechas, e Ártemis fez o mesmo com as filhas. Arrasada, Níobe transformou-se em uma pedra que ainda hoje diz-se chorar nas montanhas do oeste da Turquia.

ORIGEM
Ártemis era a deusa virgem da floresta, que Homero conhecia como *potnia Thêrôn*, "senhora dos animais selvagens". Ela presidia a caça, os partos e a morte repentina de mulheres.

REPRESENTAÇÃO
Ártemis foi aliada dos troianos. Quando o rei grego Agamenon matou um cervo em seu bosque sagrado e depois se gabou de ser melhor caçador do que Ártemis, ela exigiu a morte sacrificial da filha dele, Ifigênia, para em troca permitir que soprassem os ventos que levariam os gregos a Troia. Segundo uma versão, no último minuto Ártemis colocou um cervo no lugar da menina e a levou consigo à Crimeia, onde Ifigênia se transformou em sacerdotisa da deusa.

TEMA RELACIONADO
A deusa trácia Bendis, também deusa da Lua e da caça, está intimamente associada a Ártemis e Diana.

DADOS BIOGRÁFICOS
APOLO
Deus da profecia e do sol
p. 42

ACTEÃO
Caçador que viu Ártemis nua
p. 134

CITAÇÃO
Barry B. Powell

Ártemis é irmã de Apolo e deusa da caça. Ao contrário da maioria dos Olímpicos, é estritamente casta.

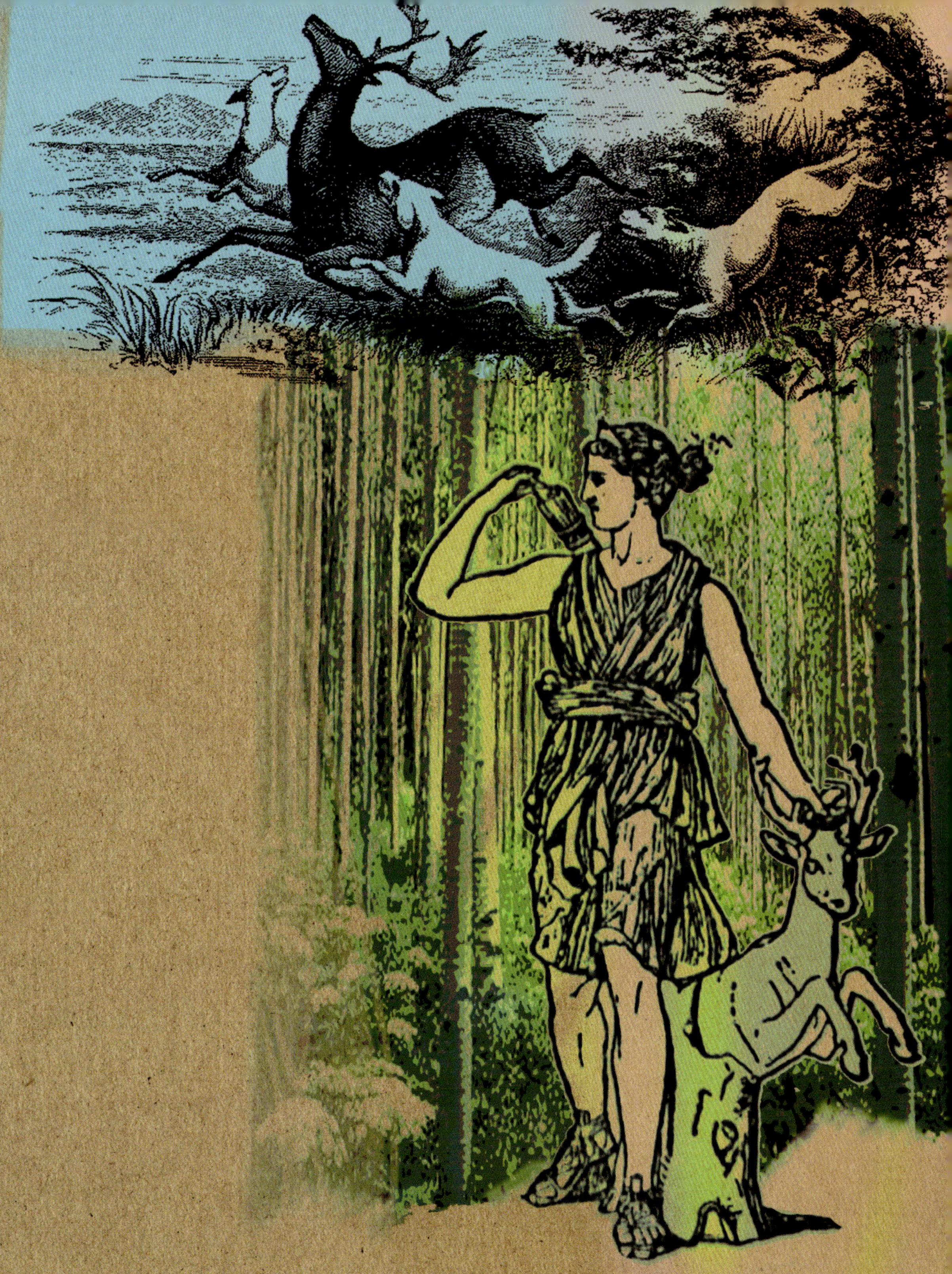

DEMÉTER/CERES

Filha de Cronos e Reia, Deméter

("mãe da terra") foi uma das primeiras Olímpicas. Ela supervisionava o crescimento das colheitas e todos os aspectos da fertilidade, inclusive os partos. Sua filha, Perséfone (Prosérpina para os romanos), foi raptada por Hades e se tornou rainha do mundo subterrâneo. Entristecida, Deméter deteve todo o crescimento na Terra. Para procurar a filha, disfarçou-se de velha. Passou um tempo em Elêusis, onde por gratidão tentou conceder imortalidade ao filho pequeno do rei, Demofonte — uma medida que acabou sendo prejudicial a ela. Continuou sua busca até descobrir o paradeiro de Perséfone e ordenou que fosse solta. Em busca de uma conciliação, Zeus permitiu que Perséfone passasse parte do ano com Deméter e parte dele com Hades, propiciando uma razão mitológica para a mudança das estações. Em um sentido mais sublime, Deméter e Perséfone foram veneradas nos Mistérios Eleusinos (cerimônias secretas de iniciação) como deusas que facilitavam a transição entre a vida e a morte. Embora fosse vista geralmente como figura benévola, podia oferecer perigo se insultada. Quando Erisictão cortou árvores em seu bosque sagrado, Deméter puniu-o com um insaciável desejo de comer. Ele comia e comia, mas nunca conseguia saciar sua fome.

ORIGEM
Deméter, conhecida como Ceres pelos romanos, era a deusa das colheitas e da fertilidade, vista como uma segunda deusa da própria Terra.

REPRESENTAÇÃO
Deméter não tinha sorte no amor. Deu à luz Perséfone depois de dormir com Zeus, mas quando se apaixonou por Iasião e lhe deu um filho, Pluto, Zeus enciumado matou o amante. Os problemas de Deméter continuaram enquanto procurava Perséfone. Foi perseguida pelo irmão Posêidon e, quando se transformou em égua para poder escapar, Posêidon transformou-se num garanhão. A união que se seguiu resultou no nascimento de Árion, um cavalo imortal.

TEMA RELACIONADO
Adônis também foi alvo de lutas entre os deuses — mais especificamente, entre deusas —, e Zeus optou por garantir custódia conjunta. Figuras maternas primordiais são comuns na mitologia, da egípcia Ísis até a inuit Aakuluujjusi.

DADOS BIOGRÁFICOS
ZEUS/JÚPITER
Rei do Olimpo, deus dos céus
p. 32

POSÊIDON/NETUNO
Deus do mar e dos cavalos
p. 36

DIONÍSIO/BACO
Deus do vinho, filho de Zeus
p. 56

HADES
O mundo subterrâneo e o nome dado a seu rei
p. 82

CITAÇÃO
Emma Griffiths

Deméter é uma mãe da terra, cuja separação anual de sua filha explicaria a mudança das estações.

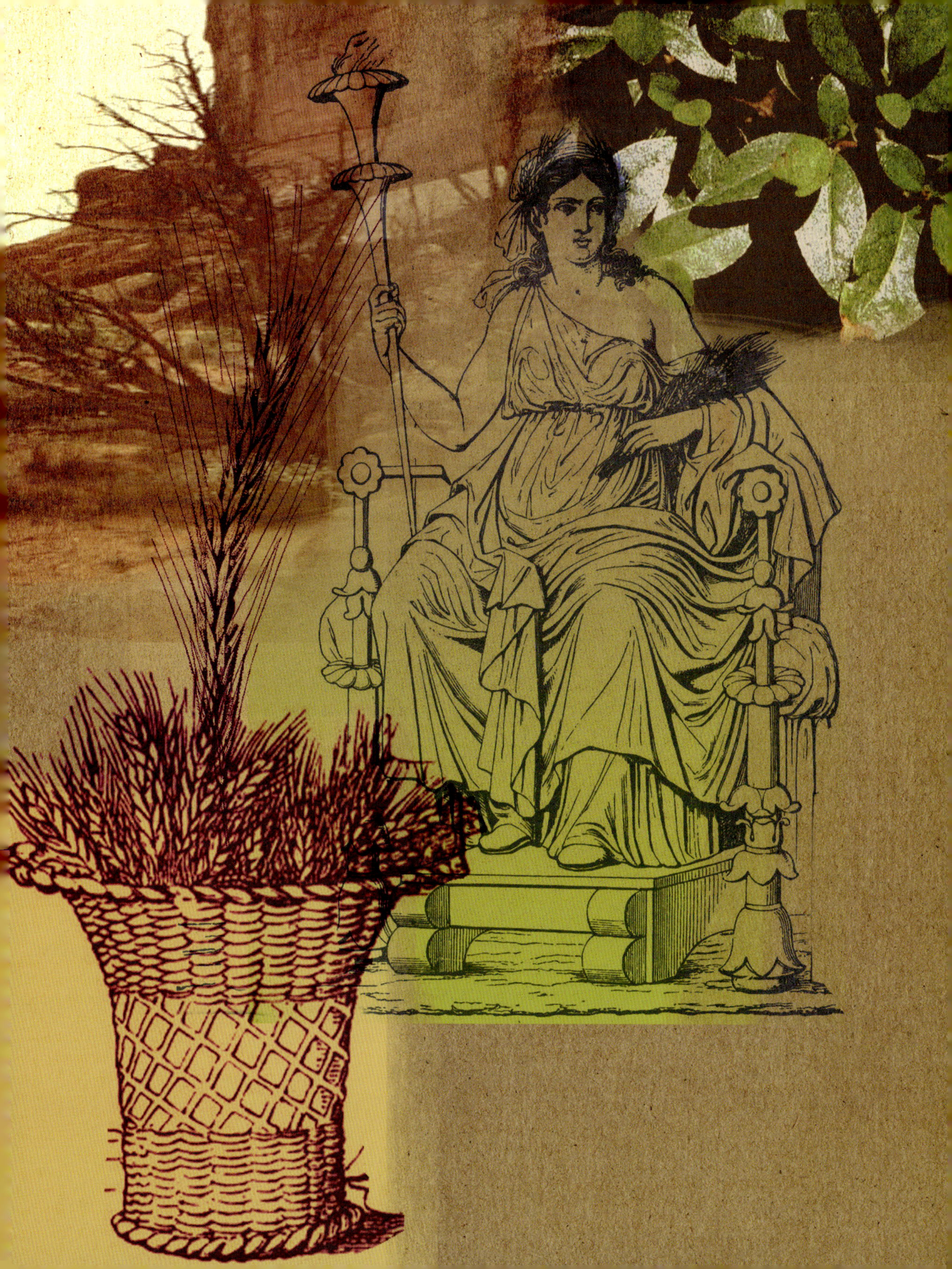

AFRODITE/VÊNUS

Afrodite significa "nascida da espuma" (do grego *aphros*). Ela foi criada quando o Titã Cronos atirou os genitais mutilados de seu pai, Urano, ao mar, onde fizeram espuma e ferveram; deles, nas praias de Chipre, surgiu Afrodite — uma bela jovem, carregada por uma concha de vieira. Uma versão alternativa defende que ela era filha de Zeus e Dione, um avatar da deusa da terra. Afrodite pode ser considerada a fonte e também a manifestação do poder avassalador e com frequência destrutivo do amor. Percebendo que sua beleza iria criar problemas, Zeus fez com que se casasse com o feio e manco Hefesto, o qual, de maneira bastante contraproducente, criou para ela uma cinta mágica, cheia de joias, que a tornava ainda mais irresistível. Afrodite teve casos amorosos tanto com deuses como com mortais. Ela desfrutou relações com o mortal príncipe troiano Anquises, cujo resultado foi Eneias, e com o deus Hermes, dando origem a Hermafrodito. Também teve um longo namoro com Adônis. Seu caso mais duradouro foi com Ares (Marte), com quem teve Eros, o deus armado do desejo sexual, cujas setas indiscriminadas explicam ou expressam os caprichos e as dores do amor.

ORIGEM
Afrodite era a deusa grega do amor, da beleza e da harmonia. Os romanos a conheciam como Vênus.

REPRESENTAÇÃO
O exemplo mais famoso da intervenção de Afrodite nos destinos dos mortais ocorreu durante a Guerra de Troia. Afrodite, Atena e Hera fizeram um concurso para ver quem era a mais bonita. Zeus não quis decidir e pressionou o príncipe troiano Páris a fazer a escolha. As três ofereceram subornos para obter sua preferência, com Afrodite conquistando seu voto ao lhe prometer a mulher mais bonita do mundo. Após sua vitória, Afrodite concedeu Helena, que já era casada com o rei grego Menelau, a Páris. A guerra com Troia foi então inevitável.

TEMA RELACIONADO
Comparáveis a Afrodite são as deusas Astarte (fenícia), Hator (egípcia), Inanna (babilônia), Ishtar (acadiana) e Freya (nórdica).

DADOS BIOGRÁFICOS
ZEUS/JÚPITER
Rei do Olimpo, deus dos céus
p. 32

HERA/JUNO
Rainha do Olimpo, consorte de Zeus
p. 34

HEFESTO/VULCANO
Deus dos artesãos, ferreiro dos deuses
p. 38

ARES/MARTE
Deus da guerra, filho de Zeus e de Hera
p. 40

CITAÇÃO
Viv Croot

A deusa da beleza, do prazer, do amor e da procriação encanta igualmente deuses e mortais.

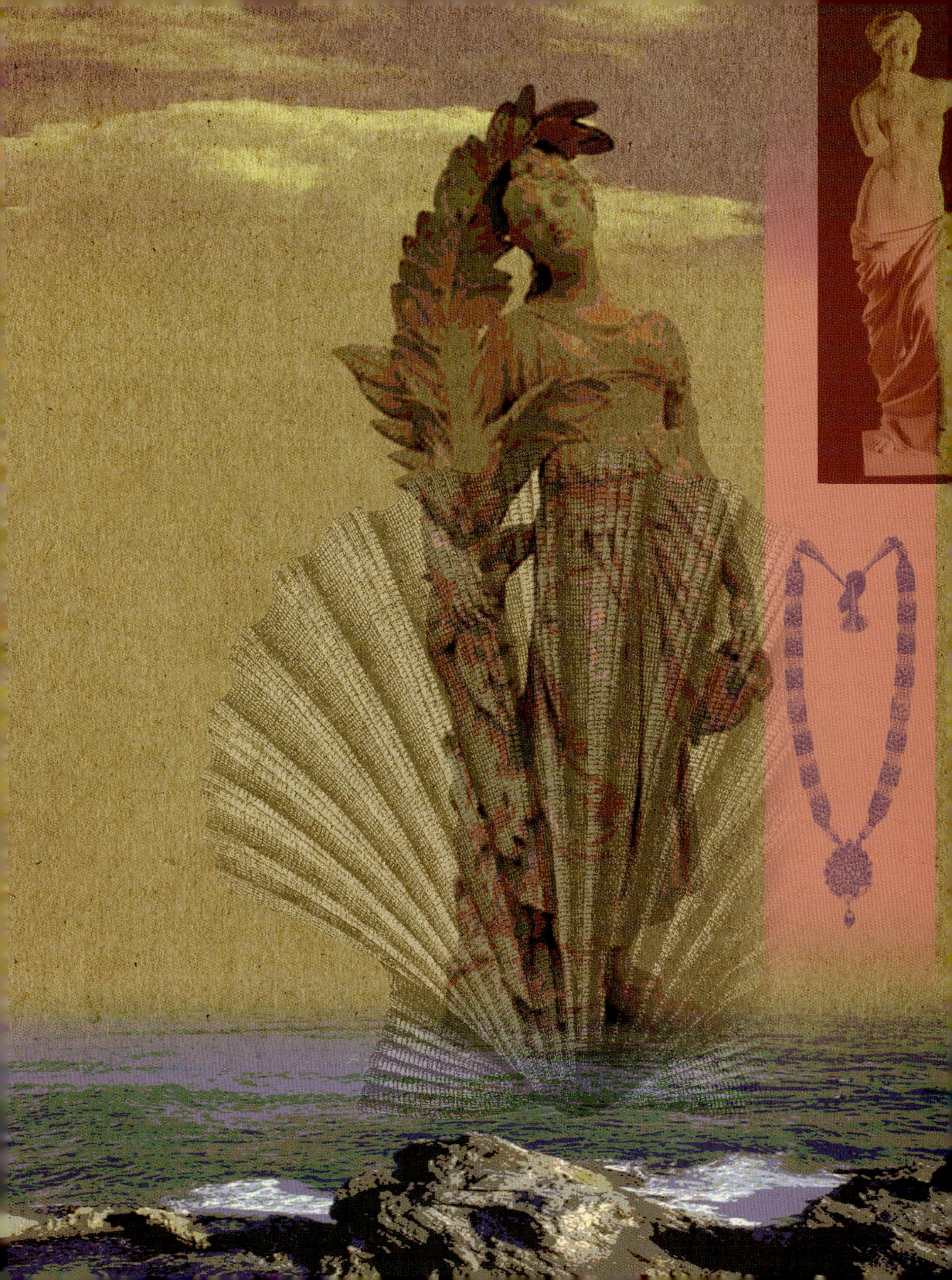

ATENA/MINERVA

Atena nasceu como subproduto da tentativa de Zeus de manter o trono, após ouvir que seria derrubado pelo filho que nasceria de sua primeira esposa, Métis. Sua reação foi devorar Métis, que à época estava grávida de Atena. A criança permaneceu entalada dentro de Zeus até que Hefesto, brandindo um machado, ou, em outra versão, Prometeu, abriu sua cabeça e Atena saiu de lá já totalmente formada, vestindo uma reluzente armadura, para espanto da assembleia de deuses. Um caos cósmico sobreveio, até que, ao retirarem as armas de Atena, a normalidade foi restabelecida. Atena tomou posse de sua cidade favorita, Atenas, quando a presenteou com a primeira oliveira, que foi escolhida em detrimento da dádiva oferecida pelo rival Posêidon (uma fonte salina). Seu vínculo com Atenas foi fortalecido por meio de seu envolvimento com o nascimento de Erictônio, um dos heróis ancestrais da cidade. Quando Atena foi até Hefesto pedir-lhe para fazer armas, ele tentou estuprá-la. Durante sua luta, o sêmen de Hefesto caiu no chão e uma criança, Erictônio ("muito terreno"), emergiu da terra fertilizada. Gaia, a deusa da Terra, deu o filho a Atena, que decidiu criá-lo. Creditam-se a Atena numerosas invenções, como a flauta, o navio, o freio de cavalo, o arado e a carroça.

ORIGEM
Atena — identificada com a deusa romana Minerva — era ao mesmo tempo mulher guerreira, protetora de cidade, mãe, artesã, auxiliadora de heróis e inventora.

REPRESENTAÇÃO
Atena era a protetora de tantos heróis que se poderia dizer que uma das qualificações do heroísmo era tê-la a seu lado. Uma série de heróis — como Héracles, Perseu, Odisseu e Jasão — floresceu sob sua proteção. Sua ira era igualmente eficaz, como descobriram os gregos quando, após o saque de Troia, deixaram de punir o brutal Ájax pelo estupro de Cassandra no sagrado templo de Atena, o Paládio.

TEMA RELACIONADO
Atena é similar a outras deusas guerreiras, como a hitita deusa solar Arinna e a divindade hindu Durga.

DADOS BIOGRÁFICOS
ZEUS/JÚPITER
Rei do Olimpo, deus dos céus
p. 32

HÉRACLES/HÉRCULES
Herói grego de força descomunal
p. 96

ODISSEU/ULISSES
Herói grego cujo Cavalo de Troia ajudou a vencer a guerra
p. 102

PERSEU
Herói grego que matou Medusa
p. 108

CITAÇÃO
Susan Deacy

A guerreira Atena é a protetora de inúmeras cidades e de muitos heróis.

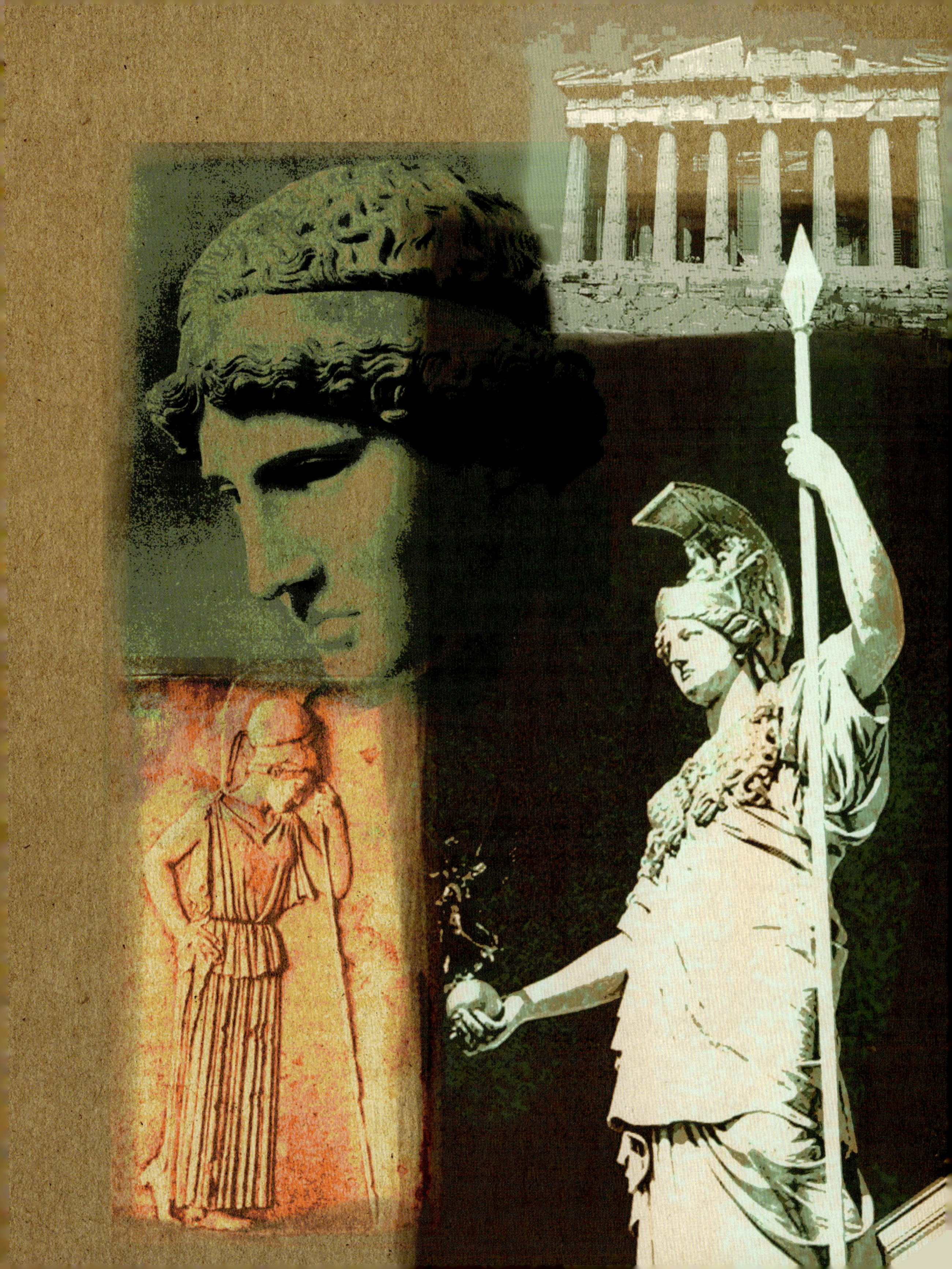

HERMES/MERCÚRIO

Brilhante, lúbrico e mercurial como o metal líquido ao qual deu seu nome romano, Hermes era o mensageiro dos deuses. Voando entre o Olimpo e a Terra nas asas de seu chapéu de abas largas e de suas sandálias e carregando seu bastão de arauto com a serpente enrolada (o caduceu), Hermes levava aos mortais as mensagens de seu pai, Zeus. Às vezes, trazia ajuda, como quando mostrou a Odisseu a erva mágica que salvou o herói do feitiço de Circe. Outras vezes, vinha com severas instruções divinas, como quando disse a Eneias para abandonar Dido e fundar o núcleo da futura Roma. Falante, comerciante, viajante, astuto e ladrão, Hermes presidia todas as formas de troca e comunicação. Sua habilidade com as palavras fez dele o patrono de escritores e oradores, acadêmicos e diplomatas. Cuidava da circulação dos bens de comerciantes e ladrões (que não difeririam muito, na visão dos antigos gregos), e também dos viajantes e dos que atravessavam fronteiras. Assim como cruzava os limites entre o céu e a Terra, fazia o mesmo entre a vida e a morte. Como psicopompo ou espírito-guia, conduzia as almas dos mortos ao Hades — e, muito ocasionalmente, trazia-as de volta. No período helenístico, Hermes ficou associado à sabedoria, daí o termo "hermenêutica": o estudo dos princípios da interpretação.

ORIGEM
Hermes era o mensageiro dos deuses, de pés ágeis, mãos leves e língua solta, conhecido pelos romanos como Mercúrio.

REPRESENTAÇÃO
O Hino a Hermes, de Homero, celebra o deus como menino prodígio. Quando tinha apenas 1 ano de idade, ele saltou do berço e roubou uma manada de bois de seu meio-irmão Apolo, que não se convenceu com as alegações de Hermes de que era apenas um bebê inocente. Mas Hermes apaziguou Apolo dando-lhe de presente um instrumento musical que acabara de inventar a partir de um casco de tartaruga — a lira.

TEMA RELACIONADO
Hermes e o deus egípcio Tot estão combinados na figura do sábio Hermes Trismegisto. O celta Ogmios é um deus da eloquência e também psicopompo.

DADOS BIOGRÁFICOS
ZEUS/JÚPITER
Rei do Olimpo, deus dos céus
p. 32

APOLO
Deus da luz, da música e da poesia
p. 42

HADES
O nome tanto do mundo subterrâneo quanto de seu rei
p. 82

ODISSEU/ULISSES
Guerreiro, viajante e trapaceiro grego
p. 102

CITAÇÃO
Geoffrey Miles

Mais que um simples mensageiro de pés ágeis, o filho de Zeus é o gênio "mercurial" original.

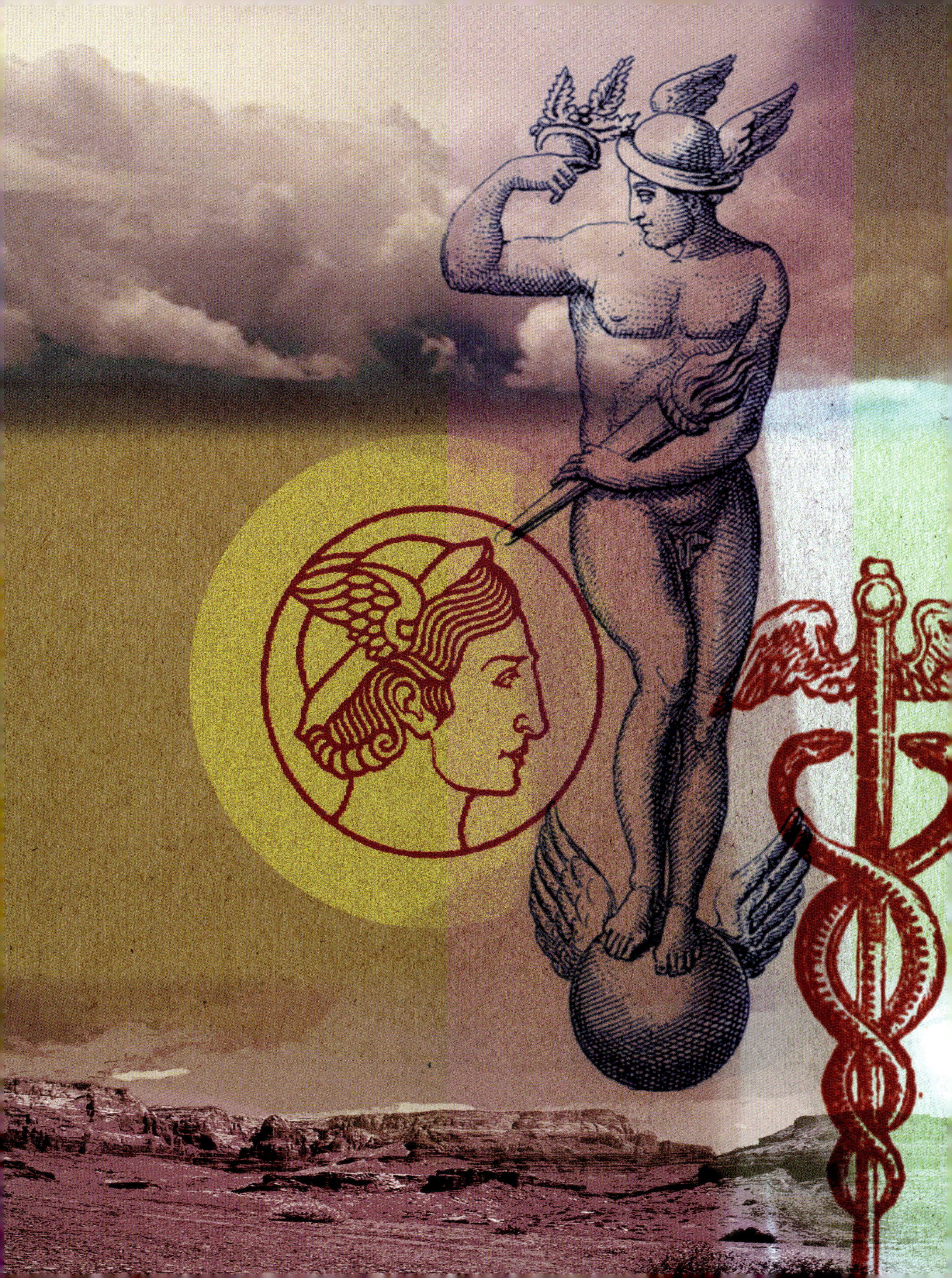

DIONÍSIO/BACO

Figura ligada a fenômenos tanto

físicos quanto sociais, Dionísio é associado ao vinho, ao êxtase, à vida comunitária, ao culto dos mistérios e à morte. Os mitos dionisíacos clássicos expressam a alegria de um deus que, segundo um de seus epítetos, era o "Liberador" (*Eleutherios*). Sob seu poder, as mulheres corriam para as encostas das montanhas e os homens praticavam o hedonismo. As várias tentativas desastrosas de resistir a Dionísio são ilustradas pela punição imposta a Penteu, primo de Dionísio, que foi despedaçado por sua mãe e suas tias. Enquanto isso, as filhas de Mínias, que permaneceram em seus teares após as demais mulheres beócias correrem para as encostas das montanhas em frenesi báquico, acabaram também tomadas em tal grau pela loucura dionisíaca que, em algumas versões, despedaçaram um dos próprios filhos. Vagaram então perturbadas pela montanha até que Hermes as transformou em morcegos. Deus "nascido duas vezes", Dionísio foi arrancado do útero de Sêmele enquanto ela era incinerada pelo raio de Zeus. O feto foi costurado dentro da coxa de Zeus, de onde Dionísio acabou mais tarde nascendo. E renasceu assim que Atena conseguiu reconstruí-lo a partir de seu coração ainda pulsante depois que os Titãs o desmembraram.

ORIGEM
Dionísio, o "mais terrível e o mais gentil com a humanidade", foi o deus antigo que com maior força se manteve símbolo de um aspecto da natureza humana ao longo do tempo.

REPRESENTAÇÃO
No século XIX, histórias sobre a chegada de Dionísio do Oriente buscavam explicar por que os gregos adoravam uma divindade supostamente incompatível com a racionalidade pela qual eram conhecidos. Desde a descoberta de um ser chamado DI-WO-NI-SO-JO nas tabuletas de escrita linear B da Grécia micênica, ficou claro que seu culto remonta pelo menos à Idade do Bronze.

TEMA RELACIONADO
A confusa ascendência de Dionísio, suas conexões com o vinho e os mistérios, sua morte e renascimento, tudo isso sugere paralelos com a vida de Jesus Cristo.

DADOS BIOGRÁFICOS
TITÃS
Filhos de Gaia e Urano
p. 24

ZEUS/JÚPITER
Rei do Olimpo, deus dos céus
p. 32

HEFESTO/VULCANO
Deus dos artesãos, ferreiro dos deuses
p. 38

ATENA/MINERVA
Deusa da sabedoria, da guerra e da justiça
p. 52

CITAÇÃO
Susan Deacy

Do vinho ao êxtase e à morte, a série de responsabilidades de Dionísio talvez explique sua duradoura popularidade.

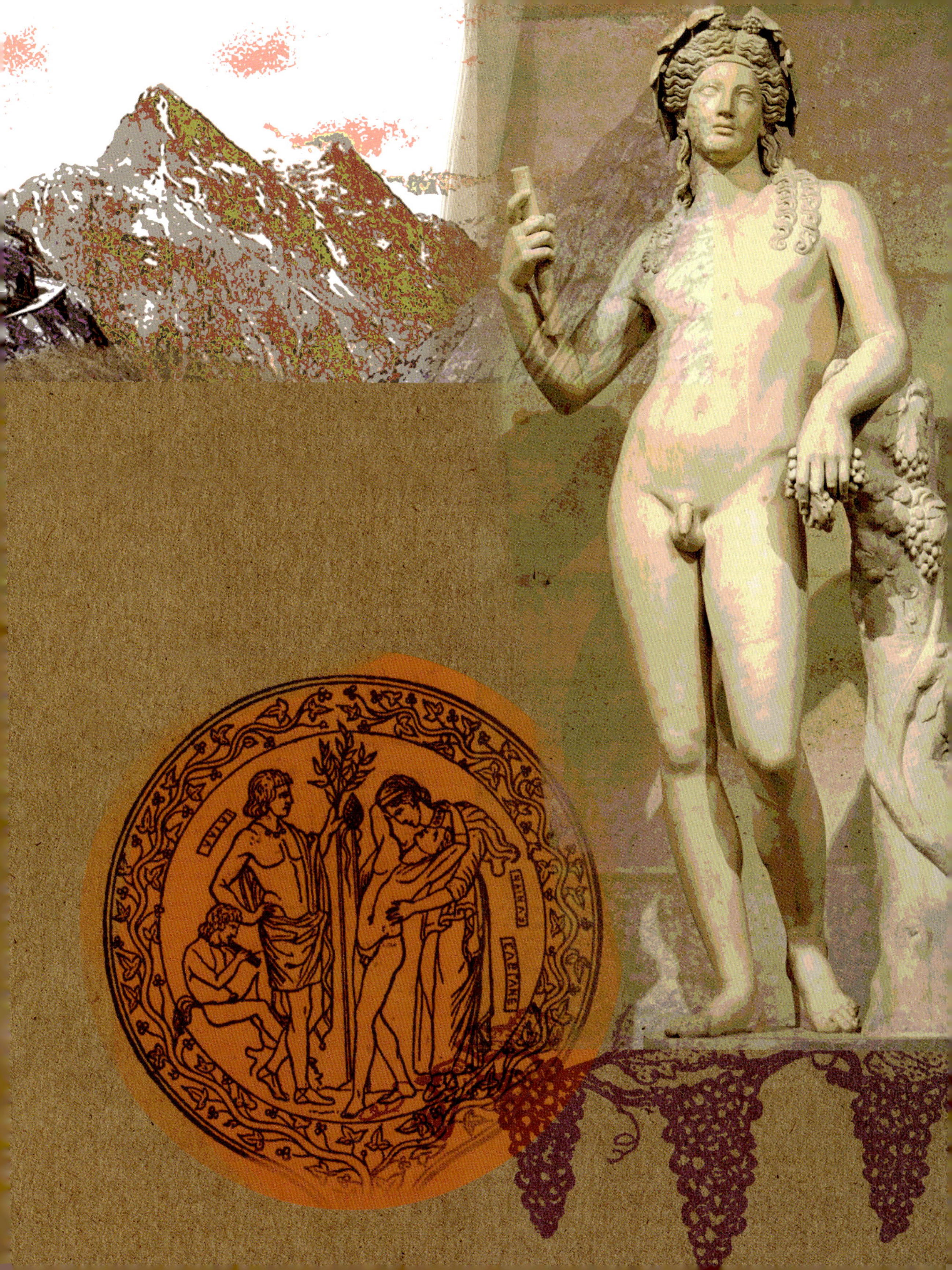

MONSTROS ◐

MONSTROS
GLOSSÁRIO

Argonautas Com o nome derivado do barco em que navegavam, o *Argo*, os Argonautas eram um grupo de heroicos aventureiros que acompanhou Jasão em sua viagem até a Cólquida (atual Geórgia), nas margens do mar Negro, à procura do Tosão de Ouro. O número de Argonautas varia conforme a fonte, mas a cifra mais comum é em torno de 50, e entre eles estavam alguns dos mais famosos heróis da Antiguidade, como Héracles, Orfeu e Teseu.

Ciclopes Nome do grupo de gigantes de um olho só que aparecem em várias passagens da mitologia grega. Segundo Hesíodo em sua *Teogonia*, os Ciclopes eram três filhos primordiais de Urano e Gaia que forjaram para Zeus seu raio, tão decisivo para a vitória dos Olímpicos sobre os Titãs. O Ciclope mais conhecido é Polifemo, filho de Posêidon, que foi enganado por Odisseu.

égide Ampla veste ou colar cerimonial (com frequência destinado a apoiar ou carregar um escudo) usado para ostentar que seu usuário conta com a proteção de um poder divino. A égide remonta às antigas civilizações da Núbia e do Egito. Na mitologia grega, tanto Zeus quanto Atena são descritos usando uma égide feita por Hefesto, o artesão divino. A palavra é empregada hoje no sentido de "proteção", como em "sob a égide dos Estados Unidos".

labirinto Na mitologia grega, é uma construção de corredores extremamente complexa. Foi projetado por Dédalo a mando do rei Minos de Creta para aprisionar o Minotauro, um homem com cabeça de touro. Não se conhece a localização do labirinto, mas alguns acreditam que poderia estar no local do complexo palaciano de Cnossos, teoria inspirada pelos relatos de viajantes descrevendo o intricado desenho do palácio.

metamorfose A transformação de um objeto em outro. Nos mitos, a mudança em geral é de humano em animal ou planta. A mitologia grega é farta em metamorfoses, empreendidas propositalmente por um deus ou uma deusa a fim de alcançar uma ambição ou desígnio pessoal, como Zeus ao se transformar em cisne para seduzir Leda, ou então impingidas a mortais como punição, como fez Ártemis ao transformar Acteão em cervo. Tem sido sugerido que os mitos de metamorfoses, em religiões arcaicas, serviam para explicar a transformação de uma espécie em outra.

mundo subterrâneo Termo geral que descreve os lugares existentes sob a terra. As descrições variam conforme as fontes, mas o mundo subterrâneo inclui o Tártaro, que é a prisão cósmica dos Titãs e dos humanos que cometeram ofensas graves (particularmente aqueles que, como Tântalo e Sísifo, ofenderam os deuses); o Hades (ou Érebo), para onde iam os mortais após a morte; e, segundo Virgílio, mas não de acordo com os poetas gregos, o Elísio (ou Campos Elísios), local de descanso dos heróis. O rio mais significativo do mundo subterrâneo, que separava os vivos dos mortos, era o Estige, mas era cruzando outro rio, o Aqueronte, que o barqueiro Caronte transportava as almas dos recém-falecidos.

Quimera Monstro da mitologia grega que tinha corpo de leoa, uma cauda que terminava com cabeça de cobra e um pescoço e cabeça de cabra emergindo das costas. Capaz de expelir fogo, o monstro era geralmente retratado como fêmea. Segundo Hesíodo, era filha de Equidna.

MINOTAURO

O Minotauro, pouco lembrado por seu nome Astério ("estrelado"), foi fruto da arrogância do rei Minos. No auge de uma briga de poder entre irmãos pelo trono de Creta, Minos apelou a Posêidon. O deus enviou-lhe um touro branco do mar, que Minos deveria sacrificar. Era um ser tão magnífico que o rei ficou com ele e sacrificou outro animal. Como vingança, Posêidon pediu a Afrodite que fizesse a mulher de Minos, Pasífae, apaixonar-se perdidamente pelo touro, o que ocorreu. Pasífae pediu que Dédalo construísse uma vaca de madeira dentro da qual pudesse se ocultar para consumar sua paixão. Ela amamentou o filho dessa união, o Minotauro, que tinha cabeça de touro, mas quando ele ficou selvagem e agressivo demais, Minos mandou Dédalo construir o labirinto para aprisioná-lo. Por meio de maquinações políticas, Minos conseguiu exigir um tributo de Egeu, rei de Atenas, na forma de um suprimento de moças e moços para alimentar o Minotauro. Depois de três anos, o herói ateniense Teseu ofereceu-se voluntariamente como parte do tributo. Com a ajuda de Ariadne, filha de Minos, e de um novelo para marcar o caminho, ele lutou e matou o Minotauro, cortou-lhe a cabeça, e conseguiu sair do labirinto.

ORIGEM
Com corpo de homem e cabeça de touro, o Minotauro era filho de Pasífae, esposa do rei Minos de Creta, com um touro branco.

REPRESENTAÇÃO
Minos/Minotauro é por vezes visto como a corporificação do deus-sol de Creta, geralmente retratado como um touro. Creta sempre foi associada a touros. Quando Zeus se apaixonou pela princesa fenícia Europa, assumiu a forma de um touro branco, atraiu-a a montar em seu lombo e então nadou com ela de volta para Creta.

TEMA RELACIONADO
Na literatura clássica japonesa, o ushi-oni é um demônio com cabeça de touro. Ele assume várias formas, mas é tipicamente um monstro feroz com chifres.

DADOS BIOGRÁFICOS
POSÊIDON/NETUNO
Deus do mar e dos cavalos, irmão de Zeus
p. 36

AFRODITE/VÊNUS
Deusa do amor e da beleza
p. 50

TESEU
Rei fundador de Atenas
p. 106

CITAÇÃO
Viv Croot

O Minotauro, selvagem e agressivo, causou terror até ser morto por Teseu.

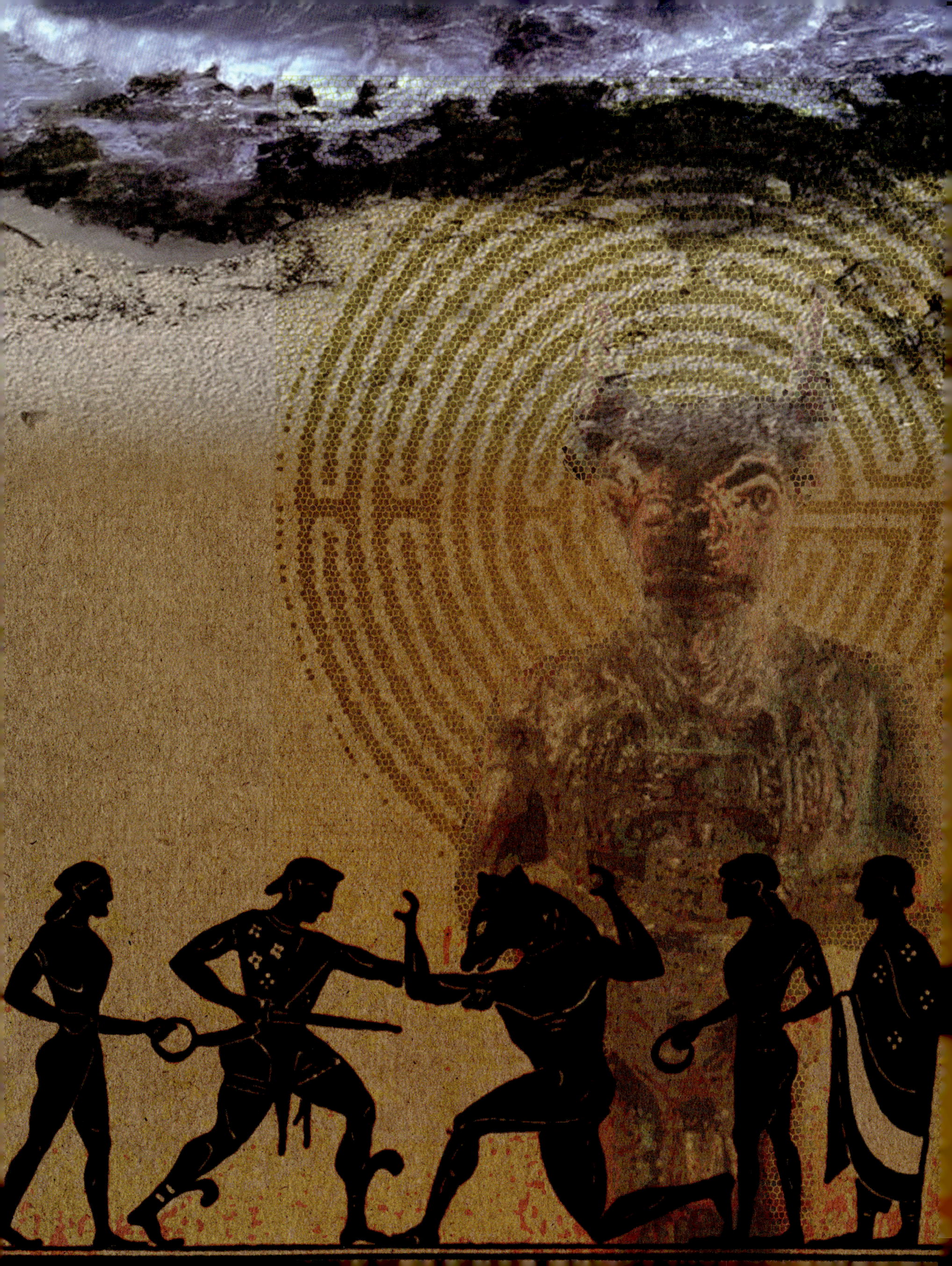

MEDUSA E AS GÓRGONAS

A história de Medusa começa quando ela dorme com Posêidon em um lugar "proibido", que era ao mesmo tempo um templo de Atena e um prado florido — cenário de sedução comum na mitologia. Por sua transgressão sexual, Atena transformou Medusa, bela jovem com lindos cabelos, em um monstro com serpentes na cabeça e presas de javali, barba, língua à mostra, asas e um olhar tão horrendo que transformava em pedra quem a encarasse. A ira de Atena, porém, não se satisfez com essa metamorfose. Quando Perseu aceitou o desafio de cortar a cabeça da Górgona, Atena o ajudou a decapitar o monstro adormecido. Medusa, que era mortal, tinha duas irmãs imortais, que compartilhavam com ela a aparência monstruosa. Eram Esteno ("poderosa") e Euríale ("a que corre o mundo"). Com Medusa ("astuta"), essas filhas dos deuses marinhos primordiais Fórcis e Ceto eram retratadas morando nos confins do mundo, junto às correntes de Oceano.

ORIGEM
Medusa era originalmente uma bela mulher que foi transformada em uma das três Górgonas — os monstros mais feios e aterrorizantes do mundo clássico.

REPRESENTAÇÃO
Perseu foi não só o assassino de Medusa mas também seu parteiro. O tempo todo em que viveu como monstro, Medusa esteve grávida de seus filhos com Posêidon. Esses filhos — o guerreiro Crisaor e o cavalo alado Pégaso — só puderam nascer quando Perseu decapitou Medusa. Depois de várias aventuras com a cabeça, Perseu a deu de presente a Atena, que a adicionou a sua égide.

TEMA RELACIONADO
A língua exposta descrita nas representações da deusa hindu Káli é como a língua de fora das Górgonas.

DADOS BIOGRÁFICOS
POSÊIDON/NETUNO
Deus do mar e dos cavalos, irmão de Zeus
p. 36

ATENA/MINERVA
Deusa da sabedoria, da guerra e da justiça
p. 52

PERSEU
Herói grego, algoz de Medusa
p. 108

CITAÇÃO
Susan Deacy

Antes uma linda mulher, Medusa ofende a deusa Atena, que a transforma em uma Górgona horrenda, com serpentes em vez de cabelo.

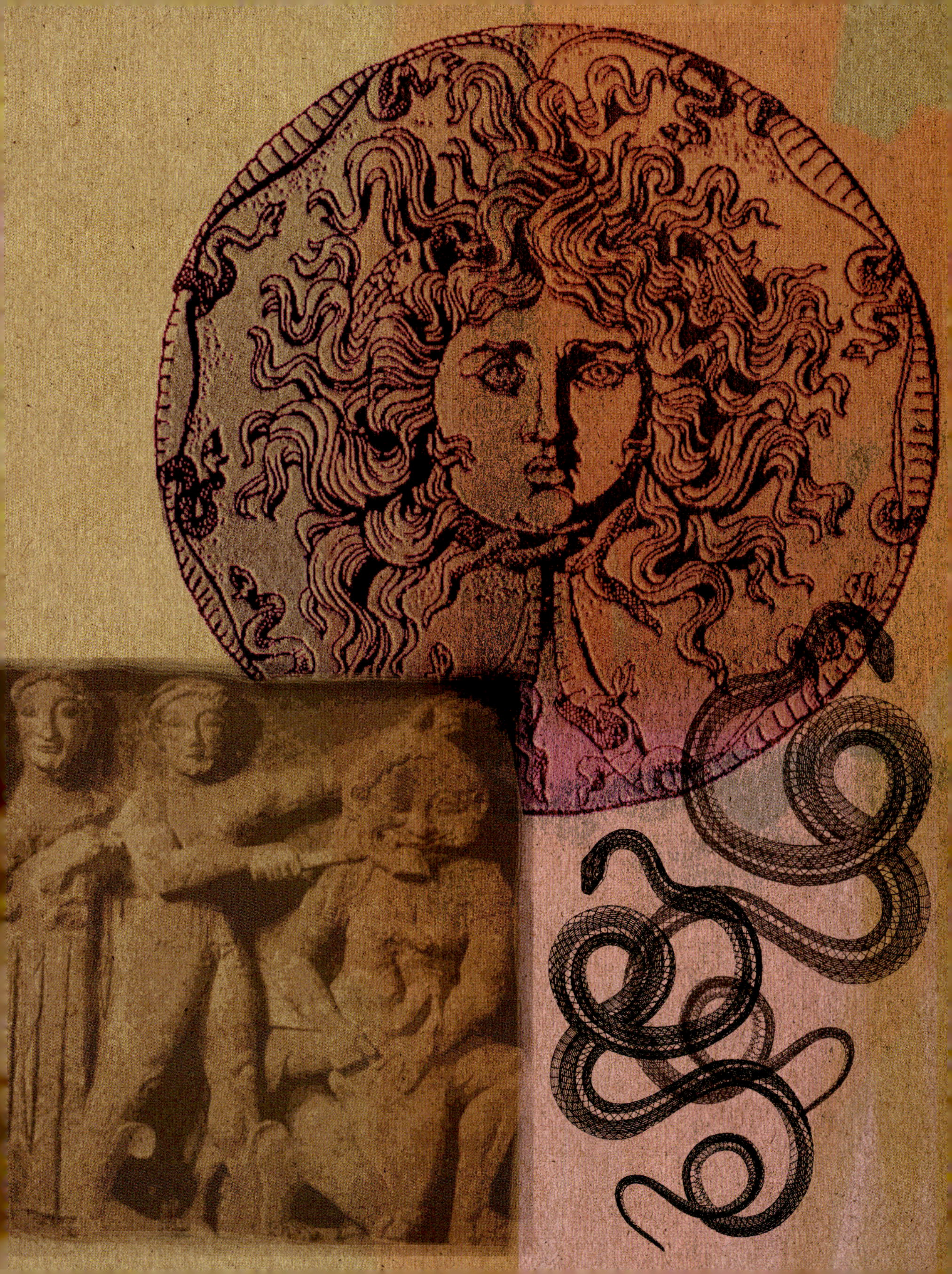

CÉRBERO

Cérbero tinha um pedigree

respeitável. Era filho de dois dos mais temidos monstros da mitologia, Equidna e Tifão, e irmão da Hidra e da Esfinge. Cérbero era um dos híbridos adorados pelos artistas antigos, um cão imenso com várias cabeças, usualmente três, mas às vezes até 50. Todas as cabeças eram envoltas por uma cabeleira de serpentes vivas. Como cão de guarda do mundo subterrâneo, Cérbero guardava o limite entre a vida e a morte, resistindo aos esforços dos heróis que tentavam entrar no mundo subterrâneo ainda vivos. Apesar de sua ferocidade, Cérbero podia ser derrotado, mas apenas temporariamente. Orfeu cantou e o fez dormir na tentativa de trazer Eurídice de volta, e tanto Eneias quanto Teseu drogaram o monstro com um pedaço de comida envenenada. Infelizmente para Teseu, a droga perdeu efeito antes que pudesse voltar, e ele ficou preso até Héracles resgatá-lo. A abordagem de Héracles foi mais direta. Ele simplesmente lutou corpo a corpo com Cérbero, derrubando-o no chão. Como a captura de Cérbero era um dos trabalhos definidos por Euristeu, Héracles o levou até Micenas, mas o rei ficou tão aterrorizado que se escondeu em um grande vaso e mandou Héracles devolver Cérbero ao Hades.

ORIGEM
Cérbero, cão monstruoso com várias cabeças, guardava a entrada do mundo subterrâneo, separando os mortos dos vivos e também os vivos dos mortos.

REPRESENTAÇÃO
Cobras simbolizavam a relação entre a vida e a morte. Medusa tinha serpentes em vez de cabelo, Quimera tinha rabo de serpente, Equidna era metade mulher, metade cobra, e muitas figuras morreram de picada de cobra, entre elas Eurídice, esposa de Orfeu.

TEMA RELACIONADO
Enquanto Cérbero impede as pessoas de fugirem do Hades, a cobra do mito do Jardim do Éden (Gênesis 3) causa a expulsão dos humanos originais do Paraíso.

DADOS BIOGRÁFICOS
HADES
Nome dado tanto ao mundo subterrâneo quanto a seu rei
p. 82

HÉRACLES/HÉRCULES
Filho de Alcmena e Zeus, tornou-se um deus após a morte
p. 96

TESEU
Rei fundador de Atenas
p. 106

ORFEU
Tentou trazer sua esposa, Eurídice, de volta do Hades
p. 120

CITAÇÃO
Emma Griffiths

Guardião do Hades, Cérbero, com suas muitas cabeças, é um adversário frequente dos heróis gregos.

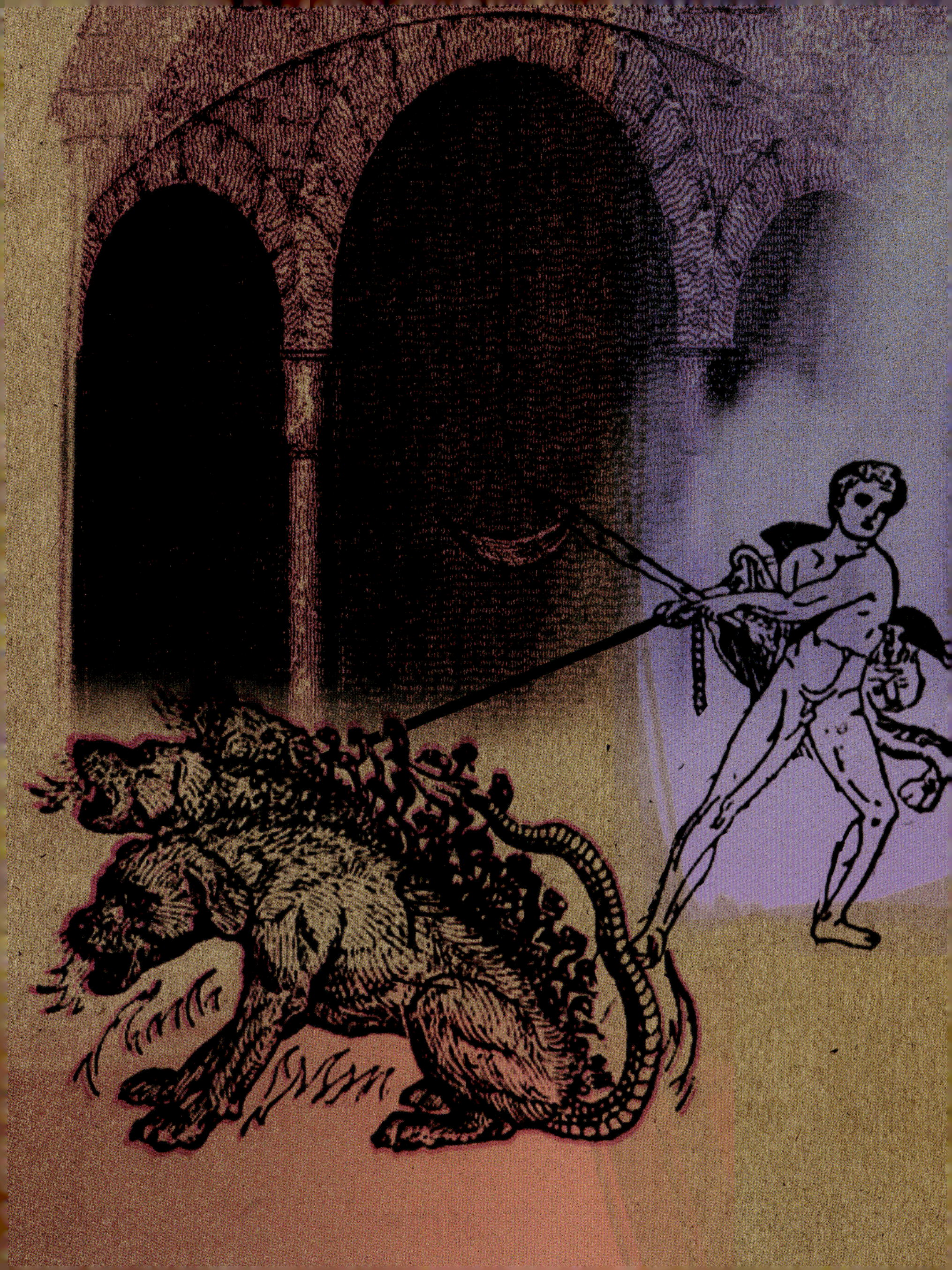

POLIFEMO E OS CICLOPES

Ao voltar de Troia, Odisseu

e seus companheiros chegaram a uma terra desconhecida. Entraram em uma caverna, mas um Ciclope que lá morava retornou com seus rebanhos e fechou a entrada com uma grande pedra. Quando o Ciclope, chamado Polifemo, perguntou aos forasteiros quem eram eles, Odisseu explicou que eram gregos voltando de Troia. A reação de Polifemo foi agarrar um par daqueles homens e devorá-los. Os gregos sentiram-se indefesos, pois, mesmo que conseguissem matar o gigante, não teriam como mover a pedra que bloqueava a entrada da caverna. Na manhã seguinte, Polifemo comeu mais dois homens. Ao anoitecer, o gigante perguntou a Odisseu seu nome, e ele respondeu: "Ninguém". Depois que o Ciclope adormeceu, os homens furaram seu olho com uma grande estaca pontuda, e Polifemo acordou, gritando para que os outros Ciclopes viessem em seu auxílio, dizendo que Ninguém o havia machucado. Os outros Ciclopes acharam que ele havia enlouquecido. De manhã, Polifemo abriu a entrada da caverna para que seus animais saíssem a pastar e, com o tato, verificava se os gregos não estavam tentando escapar com eles. Porém, os gregos, para não serem descobertos, haviam se amarrado à parte de baixo dos carneiros e conseguiram escapulir com o rebanho.

ORIGEM
Polifemo, um dos gigantes de um olho só conhecidos como Ciclopes, era filho do deus grego Posêidon com a ninfa marinha Teosa.

REPRESENTAÇÃO
Havia dois grupos diferentes de Ciclopes na mitologia grega, ao que parece sem relação entre si. Um grupo reunia os ferreiros, que forjaram os raios para Zeus. Era formado por três irmãos, filhos de Gaia (Terra) e de Urano (céu). O outro grupo compunha-se de pastores canibais, o qual Odisseu encontrou quando voltava de Troia. Os dois grupos de Ciclopes eram formados por gigantes com um olho só no meio da testa.

TEMA RELACIONADO
Polifemo desempenha o papel do "ogro estúpido" ou adversário mentecapto, que é superado pelo protagonista. Um exemplo de ogro estúpido no mito nórdico é o gigante Thrym, que é ludibriado pelo deus Thor.

DADOS BIOGRÁFICOS
MINOTAURO
Ser monstruoso – em parte homem, em parte touro
p. 62

MEDUSA E AS GÓRGONAS
Seres femininos monstruosos com serpentes em vez de cabelo
p. 64

CÉRBERO
Cão de várias cabeças do Hades
p. 66

CITAÇÃO
William Hansen

A força bruta de Polifemo não conseguiu superar a astúcia de Odisseu.

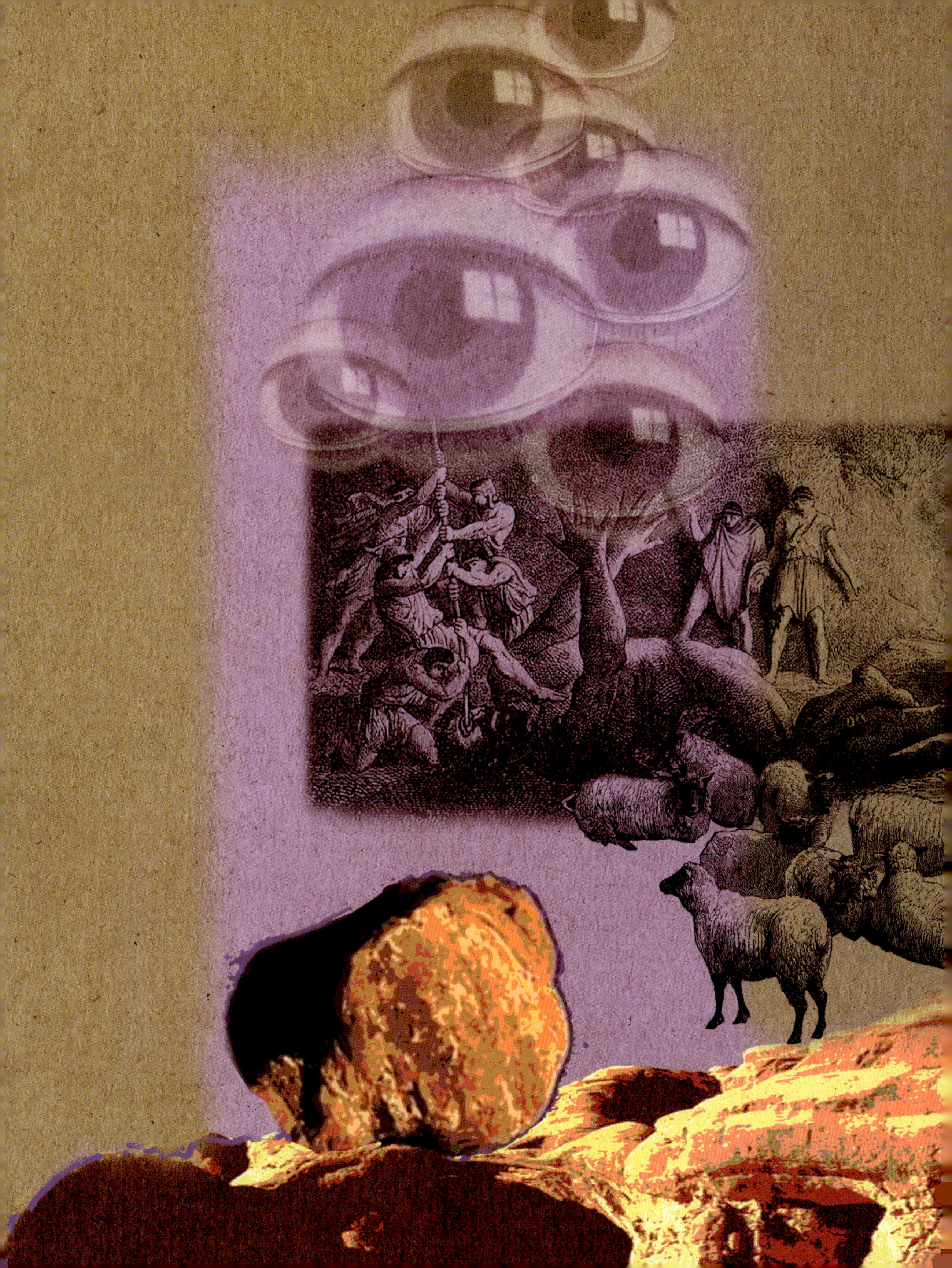

20 de março, 43 a.C.
Nasce em Sulmona, Itália

29-25 a.C.
Assume-se poeta
em tempo integral

25 a.C.
Faz a primeira récita

19 a.C.
Compõe *Heroides*
(*As heroínas*)

16-15 a.C.
Compõe *Amores*

8-3 a.C.
Reedição de *Amores*

2 d.C.
Compõe *Ars Amatoria* (*A arte de amar*) e *Remedia Amoris* (*A cura do amor*)

8 d.C.
Compõe *Metamorfoses*; inicia *Fasti*

8 d.C.
Exilado em Tomis (atual Constança, Romênia)

9-12 d.C.
Compõe *Tristia*

17/18 d.C.
Morre no exílio

Século XVIII
Metamorfoses é traduzido pelo poeta português Bocage

Ovídio (Publius Ovidius Naso) é um dos poetas romanos mais apreciados. Foi imensamente popular em sua época e muito imitado pelos escritores medievais.

Uma de suas obras mais populares, lida ainda hoje e fonte de muito do que se conhece sobre mitologia clássica, é a paródia de poema épico *Metamorfoses*, que oferece a versão original de Ovídio sobre 250 mitos. O tema dessa obra é que tudo no cosmos é transitório. Não há nenhum personagem principal, e mesmo a ordem vagamente cronológica é com frequência ignorada. A principal metamorfose é a de deuses agindo como humanos e, portanto, tornando-se quase como eles (no início do texto) e a de humanos se tornando deuses (no final). No meio, quase invariavelmente encontram-se relações infelizes, incentivadas pelo amor ou pela sua falta, entre deuses e humanos de um lado e entre os próprios humanos de outro.

Sabe-se bastante sobre Ovídio porque ele conta muito sobre si mesmo. Advogado, voltou-se para a poesia aos 19 anos. Amigo de Horácio e dialogando com o distante Virgílio, Ovídio tornou-se o mestre do dístico elegíaco (uma forma de poesia lírica). Sua primeira grande obra, *Heroides* (*As heroínas*), era uma coleção de cartas de amor fictícias de heroínas míticas a seus amantes apáticos, ausentes ou esquivos. Depois veio *Amores*, uma série de cartas de amor a uma amante fictícia, Corina, mas seu verdadeiro sucesso foi sem dúvida *Ars Amatoria* (*A arte de amar*), um guia em três volumes sobre amor, sedução e sexo, para os dois gêneros. Depois Ovídio escreveu a sequência *Remedia Amoris* (*A cura do amor*). Também sobreviveu um fragmento de *Medicamina Faciei Feminae* (*Tratamentos para o rosto das mulheres*), provavelmente o primeiro livro de dicas de beleza para a mulher.

Metamorfoses foi concluído em 8 d.C., pouco antes de Ovídio ser exilado por Augusto no mar Negro. Talvez isso tenha ocorrido devido a seu entusiasmo pelo adultério numa época em que Roma incentivava a monogamia, ou por razões políticas. Fato é que Ovídio morreu no exílio, deixando inacabada sua *magnum opus*, *Fasti* (*Os festivais*) — uma expressão dos ideais de Augusto baseada no calendário romano.

HARPIAS

A primeira aparição das Harpias na literatura grega é contraditoriamente elegante. Para Hesíodo, são deusas das densas nuvens de tempestade, "de belos cabelos", mantendo o ritmo "de suas rápidas asas com as rajadas de vento e os pássaros". Mais tarde, as implicações mais incômodas de seu nome ("ladras") prevalece. As Harpias clássicas são monstros, aves com rosto de mulher, gênio intratável e hábitos piores ainda, voz esganiçada e garras afiadas que pegam e levam embora qualquer coisa e qualquer um. Como "cães de caça de Zeus", foram enviadas para atormentar um profeta cego, o rei Fineu, que havia revelado segredos demais sobre Zeus, para que lhe roubassem a comida das mãos e cobrissem os restos com seus dejetos fedorentos. Os Argonautas de Jasão resgataram o famélico rei, e os dois filhos alados do Vento Norte expulsaram as Harpias para as ilhas Estrófades. Ali elas mais tarde atormentaram Eneias e seus seguidores com provocadoras profecias de inanição. Como emblema de ganância desmedida e malevolência ostensiva, o adjetivo "harpia" é por vezes aplicado a políticos, advogados e coletores de impostos, além de se tratar de uma ofensa sexista para uma mulher que se mostre insuficientemente modesta.

ORIGEM
As Harpias — o nome significa "ladras" — são mulheres-aves demoníacas. São um emblema da crueldade e da ganância, além de personificação dos ventos de tempestade.

REPRESENTAÇÃO
Virgílio coloca as Harpias nos portões do mundo subterrâneo, e no *Inferno* de Dante elas assombram o Bosque dos Suicidas, bicando com maldade a casca e as folhas das almas suicidas que foram transformadas em árvores. Fazem uma aparição moderna memorável no livro de Philip Pullman *Fronteiras do Universo: A luneta âmbar*, como guardiãs da terra dos mortos, cruéis e provocadoras, mas sedentas de histórias verdadeiras do mundo acima delas.

TEMA RELACIONADO
As Harpias, embora de genuína origem grega, são como as deusas celtas da guerra e da morte, que costumam aparecer na forma de corvos e gralhas predadores.

DADOS BIOGRÁFICOS
ZEUS/JÚPITER
Rei do Olimpo, deus dos céus
p. 32

ENEIAS
Herói troiano e ancestral dos romanos
p. 104

JASÃO E MEDEIA
O herói, líder dos Argonautas, e sua esposa
p. 122

CITAÇÃO
Geoffrey Miles

Aves monstruosas com cabeça de mulher, as Harpias são os perversos "cães de caça de Zeus".

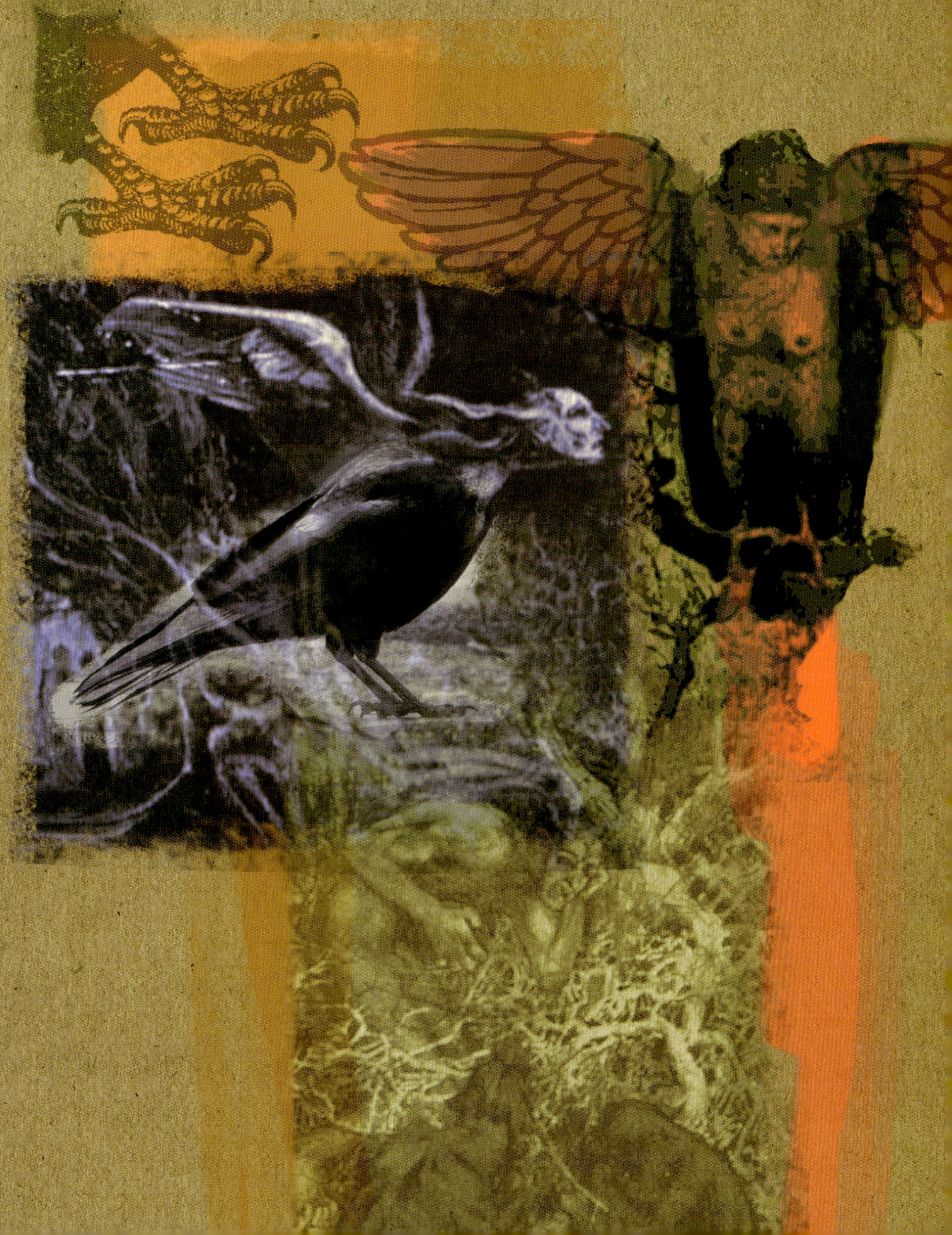

ERÍNIAS

As Erínias eram divindades da

vingança, retratadas em algumas versões do mito como nascidas do sangue que caiu na Terra (Gaia) quando Cronos castrou o pai, Urano. Em outras histórias, elas são filhas de Nix, deusa da noite. Para os gregos, eram muito numerosas. Os romanos, que as chamavam de Fúrias, diziam ser três, Alecto, Tisífone e Megera. Elas puniam mortais que cometiam o ato não natural de matar um parente de sangue e representavam o horror do assassinato de familiares. Nascidas já velhas, com garras em vez de mãos e serpentes no lugar de cabelo, caçavam os ofensores como animais e enlouqueciam-nos com feitiços. Suas vítimas mais famosas foram Alcmeão e Orestes, que cometeram matricídio para vingar os pais. Em sua peça *As Eumênides*, Ésquilo apresenta-as perseguindo Orestes até que Atena as pacifica e substitui seu regime de vinganças por um sistema legal de justiça. As Erínias poderiam também ser convocadas pela maldição de um pai em punição ao filho. Amintor amaldiçoou o filho Fênix por ter dormido com sua amante, Meleagro foi execrado pela mãe, Altaia, após matar os irmãos dela, e dizem que Édipo lançou maldição contra os filhos quando eles o prenderam, após a revelação de seu incesto e parricídio.

ORIGEM
As Erínias, ou Fúrias para os romanos, divindades que puniam o derrame de sangue de familiares, às vezes eram chamadas eufemisticamente de "Eumênides" ou "Bondosas".

REPRESENTAÇÃO
As Erínias eram vingadoras implacáveis, que puniam os crimes de sangue sem considerar as circunstâncias, vendo todas as situações sem meias-tintas. Ideias similares sobre punições inevitáveis eram personificadas por Dikê ("justiça") e Nêmesis ("retribuição"). Mesmo crimes acidentais, como pisar em solo sagrado, acarretavam penalização automática. Há relatos, talvez apócrifos, de que o surgimento das Fúrias no palco era tão assustador que crianças desmaiavam e mulheres sofriam abortos espontâneos.

TEMA RELACIONADO
As Erínias eram como as Górgonas, três irmãs com serpentes no lugar de cabelo que transformavam em pedra quem olhasse para elas.

DADOS BIOGRÁFICOS
URANO
O deus-céu que esposou Gaia, a Mãe-Terra
p. 22

DELFOS
Local do célebre oráculo
p. 90

ÉSQUILO
Dramaturgo trágico ateniense do século V a.C.
p. 100

ÉDIPO
Rei de Tebas que matou o pai e casou com a mãe
p. 116

CITAÇÃO
Emma Griffiths

Conhecidas pelos romanos como Fúrias, essas irmãs promoviam vingança especialmente pelos crimes de parricídio e matricídio.

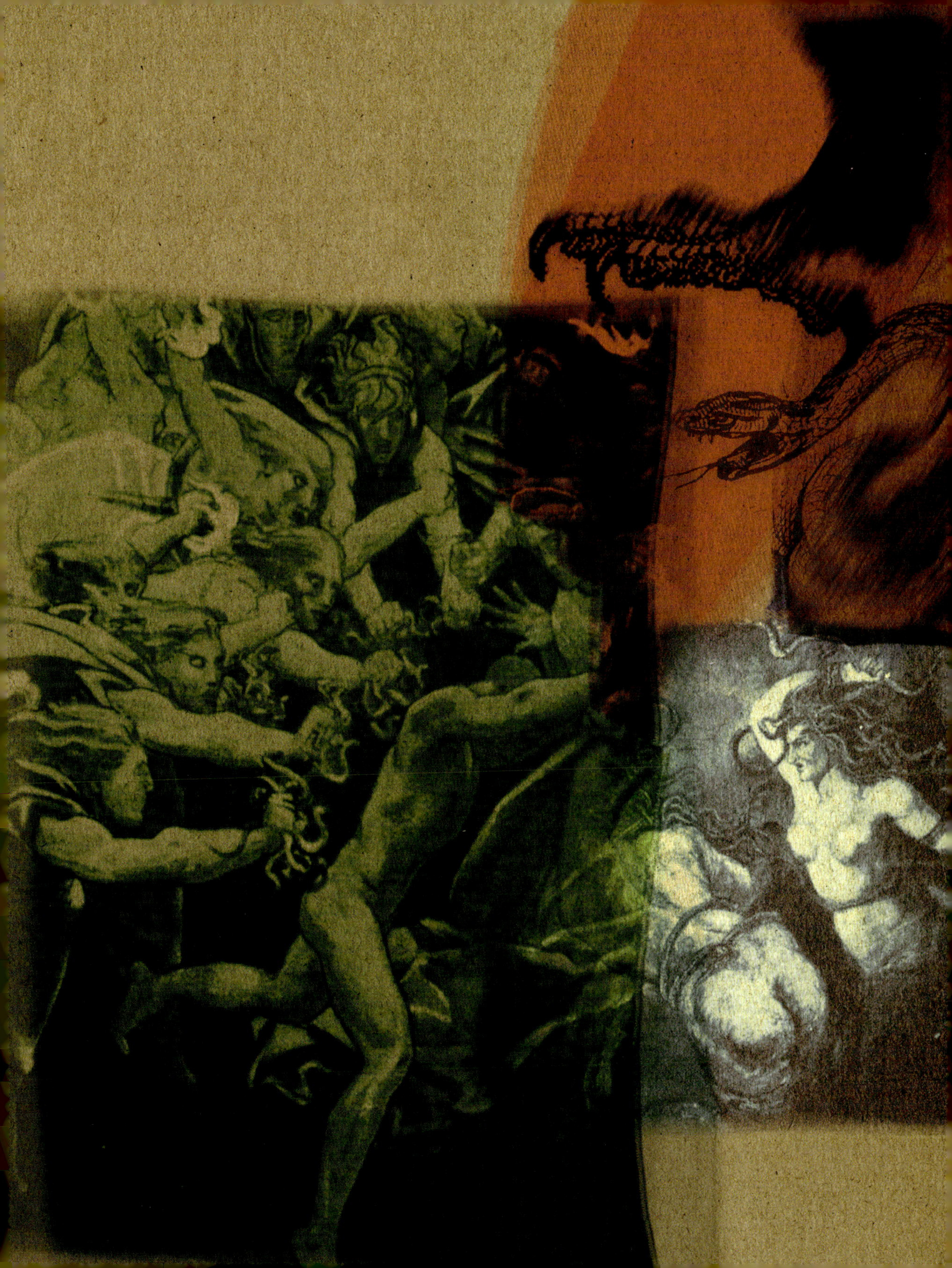

GEOGRAFIA

GEOGRAFIA
GLOSSÁRIO

ambrosia Termo usado para descrever o alimento dos deuses do Olimpo. Na maioria das vezes, mas nem sempre, os deuses se alimentavam de ambrosia, e sua bebida era o néctar. Com frequência, os deuses nutriam também seus cavalos com ambrosia, e Atena ofereceu a iguaria a Héracles quando ele se tornou imortal. O rei da Frígia, Tântalo, convidado a comer com os deuses, acabou sendo banido para o Tártaro por ter, entre outras coisas, tentado roubar ambrosia para seus súditos humanos.

aqueus Povos que viviam na região de Acaia, ao norte do Peloponeso, durante o período Micênico. O termo é usado por Homero para se referir aos vários grupos que compunham as forças gregas que sitiaram Troia. A Liga Aqueia era uma confederação de doze cidades-estado daquela região.

Cavalo de Troia Cavalo gigante de madeira por meio do qual 30 soldados gregos, entre eles Odisseu, ganharam acesso a Troia. Por ordem de Odisseu, os gregos construíram o cavalo gigante, alegando que a intenção era homenagear a deusa Atena, cujo templo haviam destruído durante a guerra, e assim assegurar uma volta segura para a Grécia. A frota grega então simulou que retornava para casa. Os troianos, enganados por Sinon, arrastaram o cavalo para dentro da cidade e começaram a comemorar a partida dos gregos. Porém, Sinon em seguida abriu o cavalo e dele saíram os soldados, que franquearam os portões da cidade para a entrada das forças gregas que voltavam para saquear Troia.

cosmos Vem do grego *kosmos* ("ordem" ou "beleza"). Na antiga cosmogonia grega, o cosmos emerge do vasto vazio do Caos, o estado primordial da matéria. Em contraste com a Bíblia, na qual Deus cria o mundo mas não a partir dele mesmo, a visão grega do tema, encontrada principalmente na *Teogonia*, de Hesíodo, é que a emergência dos deuses é simultânea à criação do mundo.

Musas Deusas que inspiraram a criatividade na música, na dança, na literatura, na arte e nas ciências, e das quais derivam as palavras "música", "museu" e "mosaico". Inspirar significava infundir criatividade, mas sem contribuir com o conteúdo, como ocorre no caso de uma revelação. Em geral, considera-se a existência de nove Musas, e às vezes se atribui a cada uma delas responsabilidade por uma arte específica. Para Hesíodo, as Musas eram filhas de Zeus e Mnemosina, a deusa associada à memória. Em outras versões, as Musas são retratadas como a descendência primordial de Gaia e Urano.

néctar O sustento líquido dos deuses do Olimpo.

profecias Previsões feitas através dos oráculos, como os de Dodona e Delfos. Muita coisa era definida por anúncios proferidos por oráculos, apesar de eles com frequência se mostrarem ambíguos. Um dos mais conhecidos exemplos de profecia ambígua envolveu o jovem Édipo, informado de que se voltasse para casa iria matar o pai e dormir com a mãe. Édipo imaginou que a casa à qual se fazia referência era seu lar atual, Corinto. Para evitar a terrível profecia, mudou-se para Tebas, o local de seu nascimento — e o resto da história todos conhecem. As profecias também vinham por sonhos. Embora aceitas como verdadeiras, acreditava-se também que elas podiam ser evitadas — mas o caso citado de Édipo e seu pai, Laio, mostra que isso não era verdade.

psicopompo Nome dado a uma entidade que guia a alma dos recém-falecidos no outro mundo, ou na vida pós-morte. Há muitos exemplos de psicopompos na mitologia clássica, como Caronte, Hermes, Hécate e Morfeu.

MONTE OLIMPO

Com seus 2.917 metros, o Monte Olimpo é a maior montanha da Grécia e uma das mais altas da Europa. Faz parte da cadeia que separa a planície da Macedônia da Tessália. Nenhum grego antigo jamais o escalou, pelo que se sabe, e na imaginação poética era a morada dos deuses. Ali, bem acima das nuvens, os Olímpicos tinham seu palácio, exceto Posêidon e Hades, que moravam no mar e no mundo subterrâneo, respectivamente. Os deuses passavam o tempo comendo ambrosia, um alimento mágico, e tomando néctar, uma bebida especial (acredita-se que ambas as palavras signifiquem "imortal"). Enquanto festejavam, Apolo cantava e tocava sua lira, mais ou menos como os poetas orais divertiam as cortes terrenas, com as Musas a acompanharem-no em coro. Quando o sol se punha, os deuses se retiravam para as moradas particulares, construídas por Hefesto. Embora os deuses do Olimpo vivessem eternamente em um paraíso divino, o monte fazia parte da terra, e não de um mundo transcendente e espiritual.

ORIGEM
O Monte Olimpo era a montanha dos deuses, onde eles viviam em um lindo palácio, com banquetes intermináveis sob o olhar atento de Zeus.

REPRESENTAÇÃO
Oto ("destino funesto") e Efialtes ("pesadelo") eram filhos de Posêidon. Os irmãos decidiram atacar o Monte Olimpo. Para subirem alto o suficiente, empilharam o monte Ossa e o monte Pélion, situados também na Tessália, um sobre o outro. Ártemis, na forma de um cervo, decidiu escalá-los. Ao arremessarem suas lanças, os irmãos erraram o alvo e se atingiram mutuamente.

TEMA RELACIONADO
A bíblica Torre de Babel foi uma tentativa de alcançar e assim igualar-se a Deus, ou até destroná-lo.

DADOS BIOGRÁFICOS
ZEUS/JÚPITER
Rei do Olimpo, deus dos céus
p. 32

HERA/JUNO
Rainha dos deuses, esposa de Zeus/Júpiter
p. 34

HEFESTO/VULCANO
Deus dos artesãos, ferreiro dos deuses
p. 38

APOLO
Deus da música, da profecia e, mais tarde, do Sol
p. 42

CITAÇÃO
Barry B. Powell
Lar da maioria dos deuses, o Olimpo é um paraíso de banquetes e música incessantes.

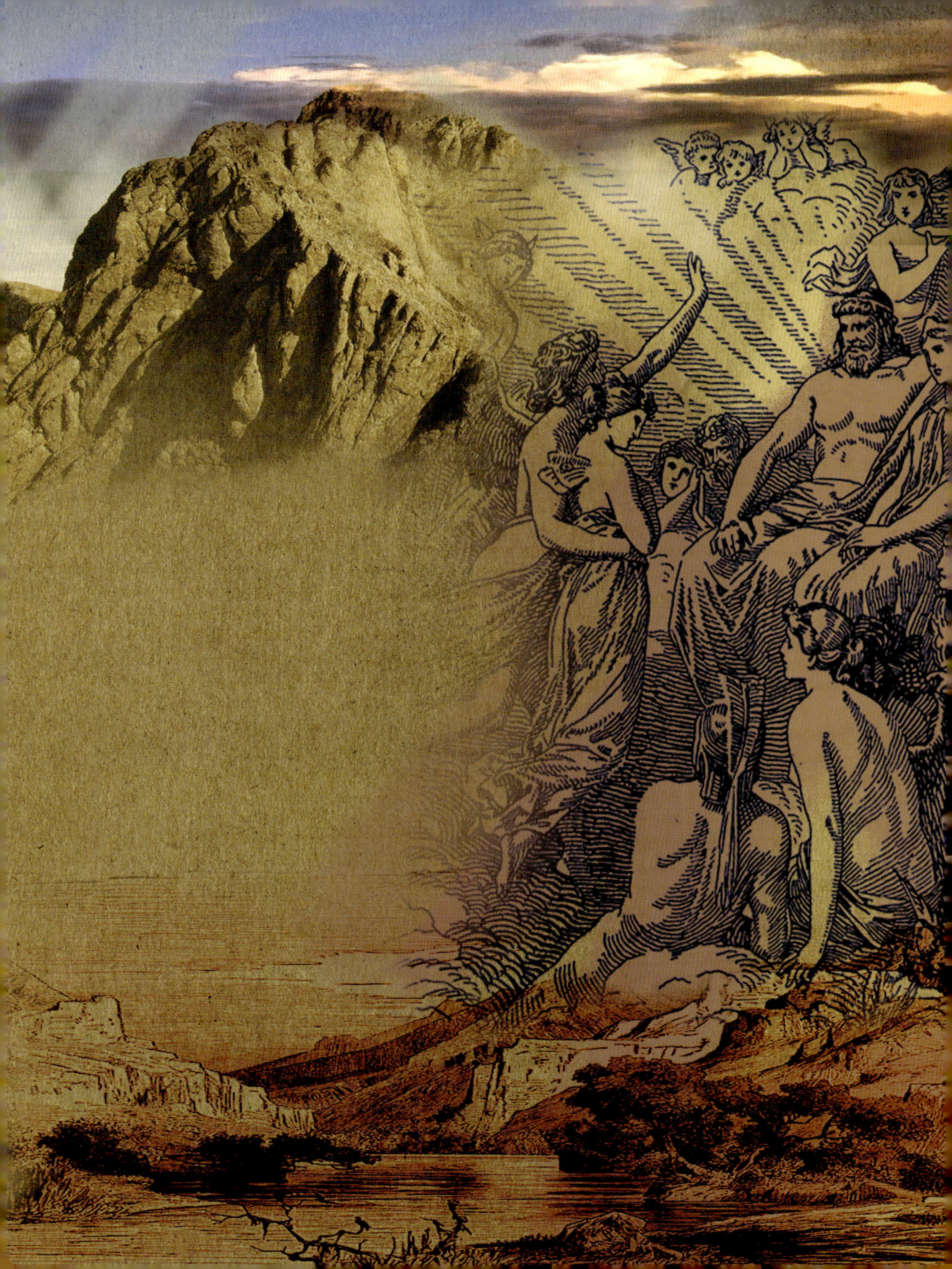

HADES

De acordo com a mitologia grega, quase todos os humanos vão após a morte para o mundo subterrâneo, governado pelos temíveis Hades e sua esposa, Perséfone, rei e rainha dos mortos. O reino era conhecido como Casa de Hades, sugerindo uma construção, ou simplesmente Hades. Outro nome comum era Érebo (no grego antigo, "escuridão"), o que indicava uma região sombria, onde vagavam as almas dos mortos. No Hades havia riachos e lagos, com nomes que se referiam à infelicidade, como Aqueronte ("pesar"), Cócito ("pranto") e Flegetonte ("rio de fogo"). Embora as águas do Estige ("odioso") sejam muitas vezes vistas como separando o Hades da terra dos vivos, era pelo rio Aqueronte que o barqueiro Caronte transportava as almas dos recém-falecidos, cobrando uma taxa para isso. Em outra versão, Hermes Psicopompo ("Escolta de Almas") conduzia as almas dos mortos pelo ar até sua nova morada. Depois que os mortos cruzavam os portões do Hades, eram impedidos de sair pelo infernal Cérbero, cão de várias cabeças. Embora as almas se parecessem com seu antigo eu, sendo reconhecíveis e preservando personalidade e memória, sua substância era como fumaça, e elas viam apenas seus reflexos na água. Não desfrutavam mais dos prazeres dos sentidos e não comiam, nem conversavam ou refletiam. Em vez disso, passavam a eternidade inativas, em um reino de trevas.

ORIGEM
Na cosmogonia grega (ou seja, no relato sobre a origem do Universo), o Hades era o lugar onde os humanos residiam após a morte e também o nome do rei dos mortos.

REPRESENTAÇÃO
A Casa de Hades não era em princípio um reino de punições e recompensas, apenas o lugar para onde os humanos iam ao morrer, quer tivessem tido vidas decentes ou imorais. No entanto, algumas poucas almas continuavam com corpos e experimentavam um tratamento especial, para o bem ou para o mal. Sísifo, por exemplo, tinha a infindável tarefa de rolar uma pedra montanha acima vezes sem fim, enquanto o renomado caçador Órion passava o tempo caçando alegremente.

TEMA RELACIONADO
Muitas mitologias falam de um reino onde os mortais levam algum tipo de existência após a morte. Exemplos são a Casa de Yama (Índia), Sheol (Israel), Niflheim (Escandinávia) e a Casa de Donn (Irlanda).

DADOS BIOGRÁFICOS
CÉRBERO
O cão de várias cabeças do Hades
p. 66

TÁRTARO
Prisão cósmica para deuses e monstros derrotados
p. 86

HÉRACLES/HÉRCULES
Herói grego de imensa força
p. 96

CITAÇÃO
William Hansen

O reino subterrâneo é presidido por Hades, o rei dos mortos.

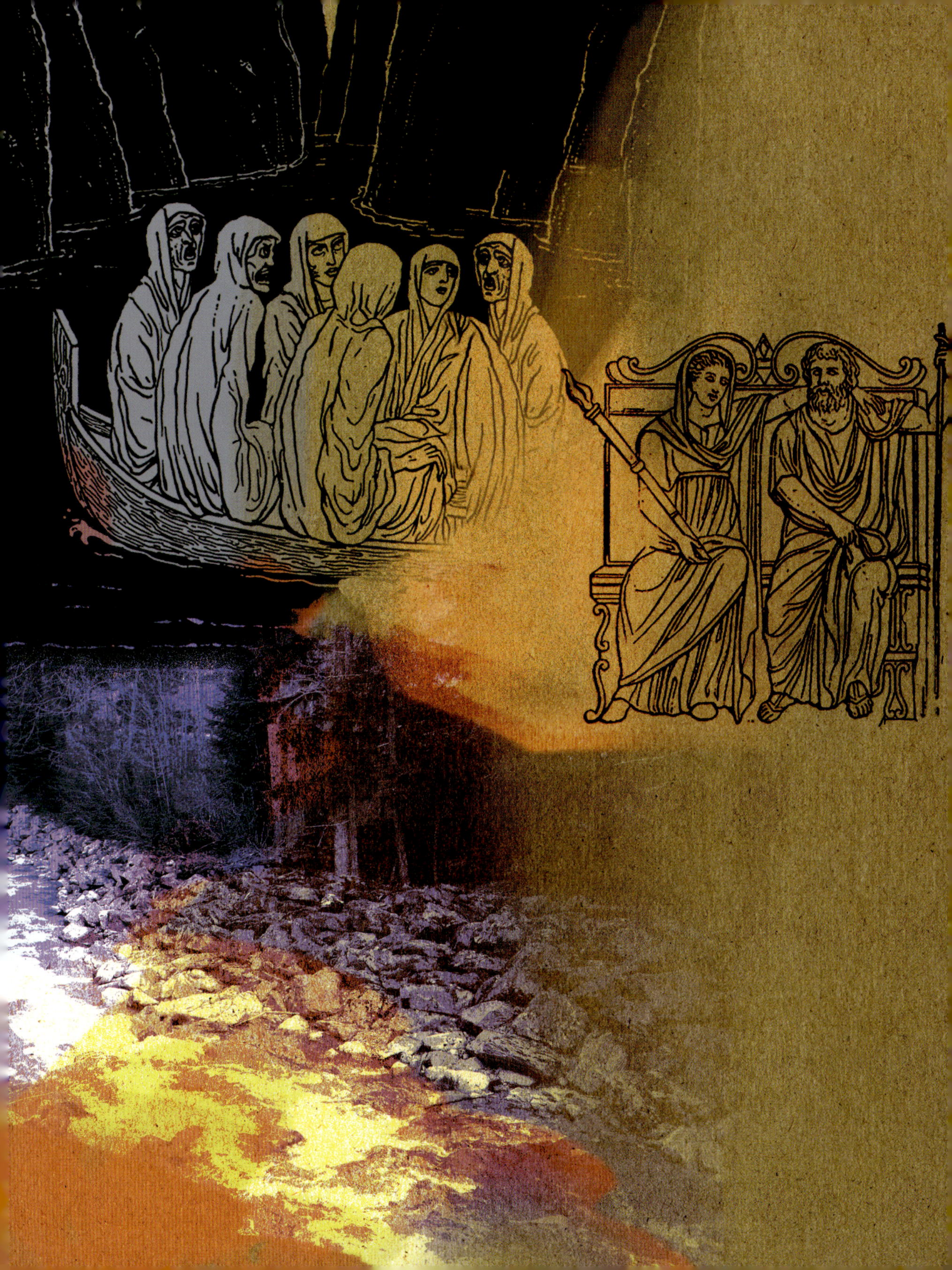

480 a.C.
Nasce em Salamina, Grécia

455 a.C.
Primeiro festival Dionísia Urbana

441 a.C.
Vence pela primeira vez o festival Dionísia Urbana

c. 406 a.C.
Morre na Macedônia

405 a.C.
As bacantes e *Ifigênia em Áulis* são encenadas no Dionísia Urbana e vencem o primeiro prêmio

c. 200 d.C.
Dez peças de Eurípides são publicadas

1974
As bacantes é traduzida por Eudoro de Sousa

2010
Medeia é traduzida por Trajano Vieira

EURÍPIDES

Depois de Ésquilo e Sófocles, Eurípides foi o último dos três grandes autores gregos de tragédias e o mais conhecido pelo público moderno. Isso porque 18 das talvez 92 peças que escreveu sobreviveram intactas, e muitas delas são encenadas até hoje. Seus enredos são mais complexos que os de Ésquilo ou Sófocles. Ele marginaliza o coro muito mais do que os outros dois faziam e desenvolve os personagens mais integralmente do que seus antecessores. Acima de tudo, Eurípides "psicologiza" seus personagens, atribuindo-lhes motivações realistas, mesmo que sejam também lamentáveis. Costuma-se dizer que escreve sobre os seres humanos como são, não como deveriam ser.

Em metade de suas peças, Eurípides introduz a repentina aparição no final de um deus suspenso por um guindaste — técnica conhecida como *deus ex machina* ("deus surgido da máquina"). O deus vem resolver algo que de outro modo continuaria sem solução na peça. Críticos literários antigos, como Aristóteles, condenaram a prática dizendo que a solução deveria vir da própria peça e não de algo externo, importado para a história.

Os estudiosos debatem se Eurípides de fato acreditava nos deuses. Se não, o *deus ex machina* seria quase uma caricatura da deferência-padrão que se tinha para com os deuses. No mínimo, Eurípides coloca os deuses como cruéis, caprichosos e, acima de tudo, irracionais. Nesse sentido, sua intenção talvez fosse reformar e não rejeitar a divindade. Nessa sua recusa de se ajoelhar diante dos deuses, ele rompe tanto com Ésquilo quanto com Sófocles. Por outro lado, talvez Eurípides desconsiderasse a crença nos deuses como algo irracional. Quando a interpretação se inclina para esse extremo, a ideia é que Eurípides estaria transferindo para os deuses algumas projeções das características humanas, que é o que fizeram tanto Friedrich Nietzsche como Sigmund Freud nos tempos modernos. O próprio Nietzsche supõe que Eurípides não é um ateísta e que seu recurso a um *deus ex machina* tem o fim de justificá-los como forças de racionalidade e moderação.

Eurípides foi o menos popular dos três grandes autores gregos de tragédias. Ele venceu apenas cinco prêmios no festival de teatro Dionísia Urbana, um deles postumamente. Uma das razões disso pode ter sido sua corajosa e provocadora simpatia pelas mulheres, em especial por aquelas maltratadas pelos homens. Ele apresenta uma galeria de heroínas poderosas, embora com defeitos. Uma das mais celebradas é Medeia, que salva a vida do marido Jasão mas é por ele abandonada por outra mulher. Também célebre como heroína é Electra, que incita o irmão dela, Orestes, a assassinar a mãe, Clitemnestra. A inflexível condenação que Eurípides faz da guerra também o tornou impopular.

Sabe-se pouco sobre a vida pessoal de Eurípides, além de que foi casado duas vezes e que talvez tenha escrito suas peças no que hoje é a Caverna de Eurípides, em Siracusa.

TÁRTARO

O Tártaro é o mais inferior dos mundos que compõem o cosmos. Hesíodo afirma que se uma bigorna de bronze caísse do céu, cairia na Terra dez dias depois, e que se caísse da Terra, iria demorar também dez dias para chegar ao Tártaro. O Tártaro, portanto, fica tão distante da Terra quanto esta do céu e funciona como uma prisão cósmica. Deuses e monstros podem ser derrotados, mas, como são seres sobrenaturais, não estão em geral sujeitos à morte. Então, o que os deuses no poder fazem com inimigos poderosos que eles venceram mas que não puderam matar? Colocam-nos por tempo indefinido no Tártaro. Foi lá que os deuses Olímpicos aprisionaram seus adversários, os Titãs, e onde Zeus prendeu o imenso monstro Tifão depois do combate. Como os prisioneiros são fortes, o Tártaro é rodeado por muros de bronze, e como os prisioneiros são imensos, o Tártaro é necessariamente muito vasto. Segundo Hesíodo, o indivíduo que entrava pela porta de bronze era arremessado na escuridão por fortes ventos durante um ano inteiro, antes de alcançar o fundo. O Tártaro é também a prisão dos seres humanos que perpetraram as piores ofensas e desafios aos deuses, como Tântalo e Sísifo.

ORIGEM
O Tártaro é uma grande prisão subterrânea para deuses e monstros, assim como para alguns humanos.

REPRESENTAÇÃO
A exemplo de outras partes do cosmos mítico, como Gaia (Terra), Urano (Céu) e Hades (Terra dos Mortos), o Tártaro é não só um lugar mas uma personalidade. Como lugar, é uma prisão. Como personalidade, é o filho de Gaia, com quem se acasala.

TEMA RELACIONADO
Em muitas tradições míticas, seres sobrenaturais podem ser presos, mas não mortos. Por exemplo, no mito nórdico, o deus Loki e o imenso lobo Fenrir são acorrentados pelos deuses no poder.

DADOS BIOGRÁFICOS
GAIA
Mãe-Terra
p. 18

URANO
Deus-céu
p. 22

HADES
Reino dos mortos
p. 82

CITAÇÃO
William Hansen

O Tártaro é tanto uma personalidade à sua maneira como o domínio que ele controla.

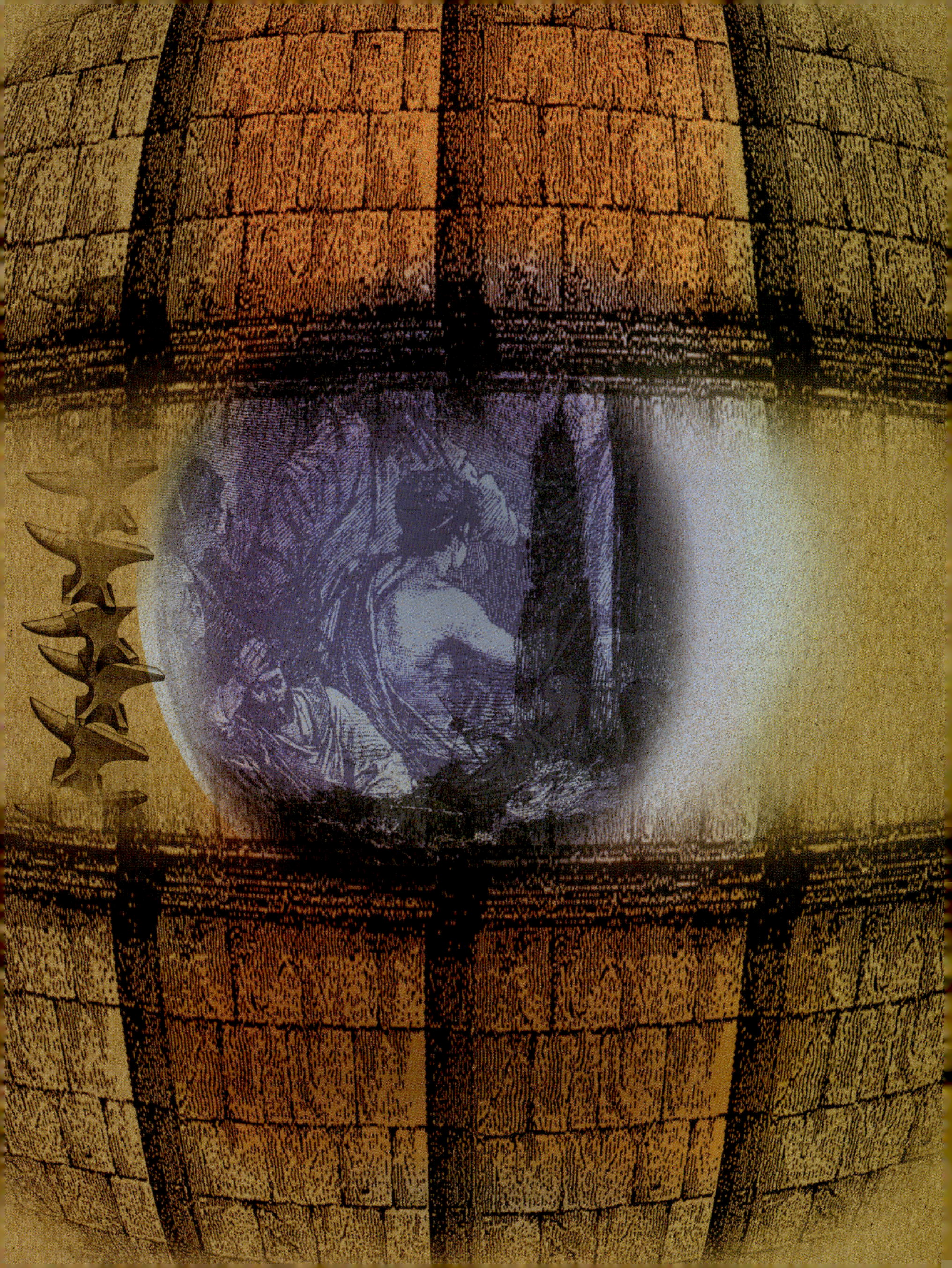

TROIA

Segundo a mitologia grega, Troia

era uma grande cidade comercial na costa oeste da atual Turquia, cenário de uma guerra épica "entre os troianos, domadores de cavalos, e os aqueus, trajados de bronze". A guerra teve início quando Páris, filho do rei troiano Príamo, saiu em busca da mulher mais bonita do mundo e voltou com Helena, esposa do rei espartano Menelau. Agamenon, irmão de Menelau, comandou então uma centena de navios gregos numa expedição de grandes proporções contra Troia. O cerco durou vários anos. Heróis de ambos os lados — Heitor, Aquiles, Ájax — lutaram, discutiram e morreram junto aos imensos muros de Troia, e o tempo inteiro os deuses observaram e interferiram. No final, a cidade, que fizera frente à força, caiu graças à astúcia de Odisseu, que construiu o original "Cavalo de Troia" — um troféu de madeira imenso que os troianos arrastaram em triunfo para dentro da cidade, sem saber que dentro havia soldados gregos. Troia ardeu em chamas, Menelau reclamou Helena de volta e os gregos — alguns deles — voltaram para casa. De Homero, passando por Eurípides, Virgílio, Chaucer e Shakespeare, até o filme *Troia*, de 2004, a Guerra de Troia se tornou a imagem mas icônica da glória, da brutalidade e da tragédia bélicas.

ORIGEM
Troia foi uma cidade lendária, sitiada por dez anos pelos gregos. A Guerra de Troia se tornou a história arquetípica da guerra na cultura ocidental.

REPRESENTAÇÃO
Embora para os antigos gregos tanto Troia quanto a Guerra de Troia fossem reais, os historiadores acreditavam que ambas não passassem de ficção. Na década de 1870, porém, o arqueólogo e aventureiro alemão Heinrich Schliemann afirmou ter descoberto ruínas de Troia em Hissarlik, na Turquia. Escavações em larga escala continuam a ser feitas, e a maioria dos especialistas supõe que Troia de fato existiu e que uma batalha envolvendo um cerco provavelmente ocorreu ali; mas se um evento das proporções descritas na *Ilíada* ocorreu de fato continua sendo questionável.

TEMA RELACIONADO
Lendas de proporções épicas similares em outras culturas são o indiano *Mahabharata*, o ciclo *Nibelungenlied* alemão e a *Chanson de Roland* francesa.

DADOS BIOGRÁFICOS
HOMERO
Antigo poeta épico grego, autor da *Ilíada* e da *Odisseia*
p. 44

AQUILES
Guerreiro grego, herói da *Ilíada*
p. 98

ODISSEU/ULISSES
Rei de Ítaca e grande estrategista da Guerra de Troia
p. 102

ENEIAS
Herói troiano, ancestral dos romanos
p. 104

CITAÇÃO
Geoffrey Miles

A conquista de Troia é uma das histórias mais duradouras de toda a mitologia.

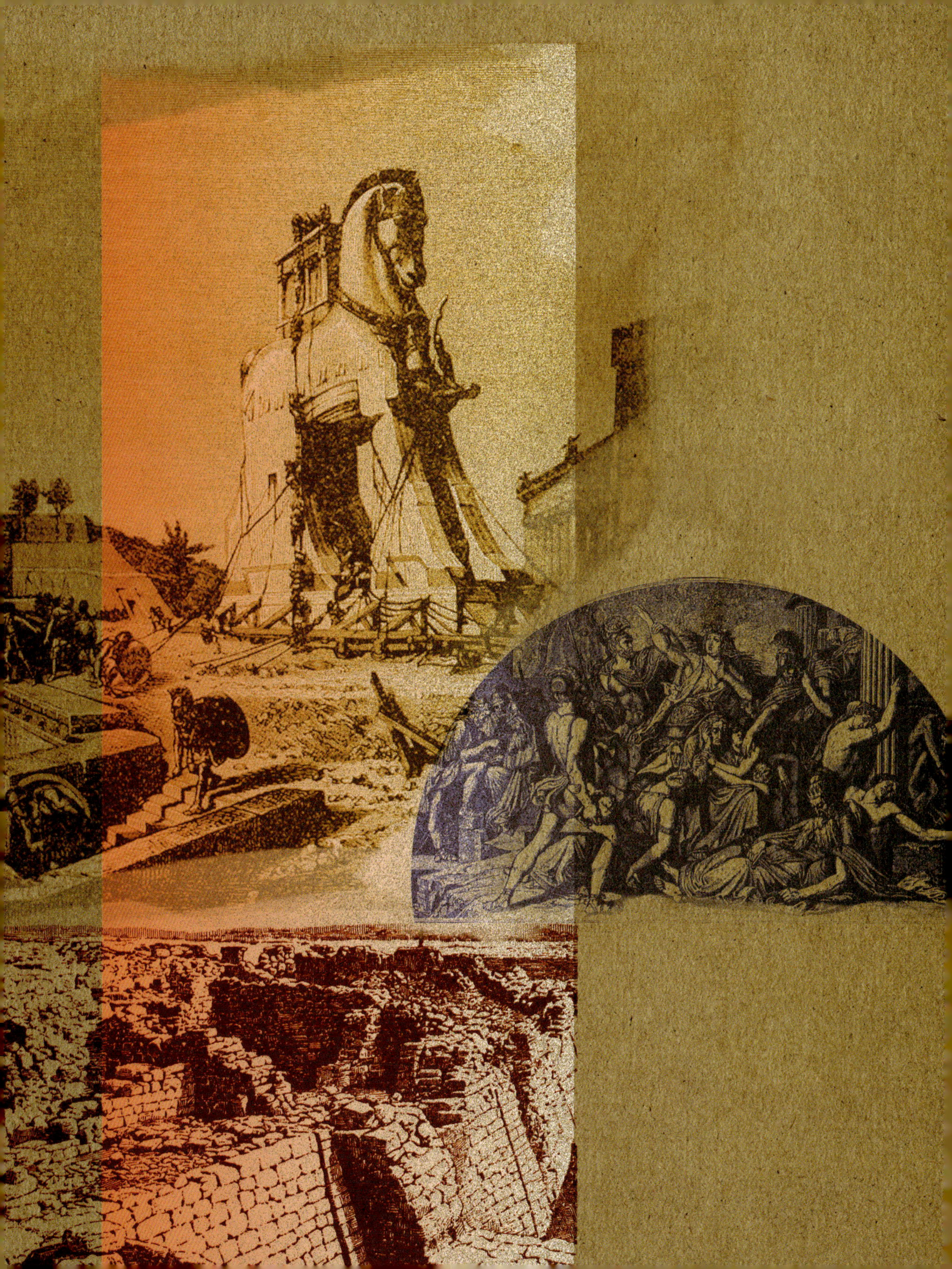

DELFOS

Delfos era o umbigo do universo

mitológico. Zeus realizou um sobrevoo de reconhecimento, usando duas águias, para achar o centro do mundo, e o ponto onde as águias se encontraram foi marcado com uma pedra chamada *omphalos* ("umbigo", em grego). O local era Delfos, um centro religioso inicialmente dedicado às deusas Gaia, Têmis e Febe, e depois a Apolo, quando ele matou a serpente Píton. As profecias de Apolo eram transmitidas por meio de sacerdotisas, as pitonisas, que entravam em transe, talvez com a ajuda de folhas mascadas. Arqueólogos têm sugerido que a geologia de Delfos pode ter inspirado o mito, já que gases alucinógenos se erguem do profundo abismo do rochedo. De acordo com o mito, o oráculo às vezes podia ser muito específico. Por exemplo, foi dito a Laio, pai de Édipo, que se tivesse um filho, este iria matá-lo. Outras vezes, o oráculo dava significados ambíguos. Édipo, quando lhe disseram que não era filho do rei e da rainha de Corinto, perguntou ao oráculo quem eram seus verdadeiros pais. Foi então informado apenas de que iria matar o pai e se casar com a mãe. Mas ele, supondo que o oráculo se referia a seus pais atuais, coríntios, imediatamente fugiu de Corinto para Tebas.

ORIGEM
Delfos abrigava o oráculo de mesmo nome, local sagrado onde Apolo transmitia profecias por meio das vozes das sacerdotisas ou pitonisas.

REPRESENTAÇÃO
O templo de Apolo em Delfos tinha duas inscrições: "Nada em Excesso" e "Conhece-te a Ti Mesmo". Esses ambíguos conselhos oraculares talvez constituam uma importante advertência psicológica. Admoestação similar pode ser extraída do mito de Cassandra: Apolo lhe deu como presente uma profecia em troca de sua promessa de dormir com ele. Mas quando Cassandra se recusou, Apolo lançou-lhe uma maldição, a de que as profecias dela nunca receberiam crédito.

TEMA RELACIONADO
O papel da Fonte de Castália, usada para purificação em Delfos, lembra o mito nórdico do profeta Mimir, que protegia o poço sagrado sob a Árvore do Mundo.

DADOS BIOGRÁFICOS
ZEUS/JÚPITER
Rei do Olimpo, deus dos céus
p. 32

APOLO
Deus do Sol, da música e da poesia
p. 42

ÉDIPO
Figura grega trágica, que matou o pai e se casou com a mãe
p. 116

CITAÇÃO
Emma Griffiths

Centro do mundo, Delfos é o coração espiritual de Apolo e a sede do Oráculo de Delfos.

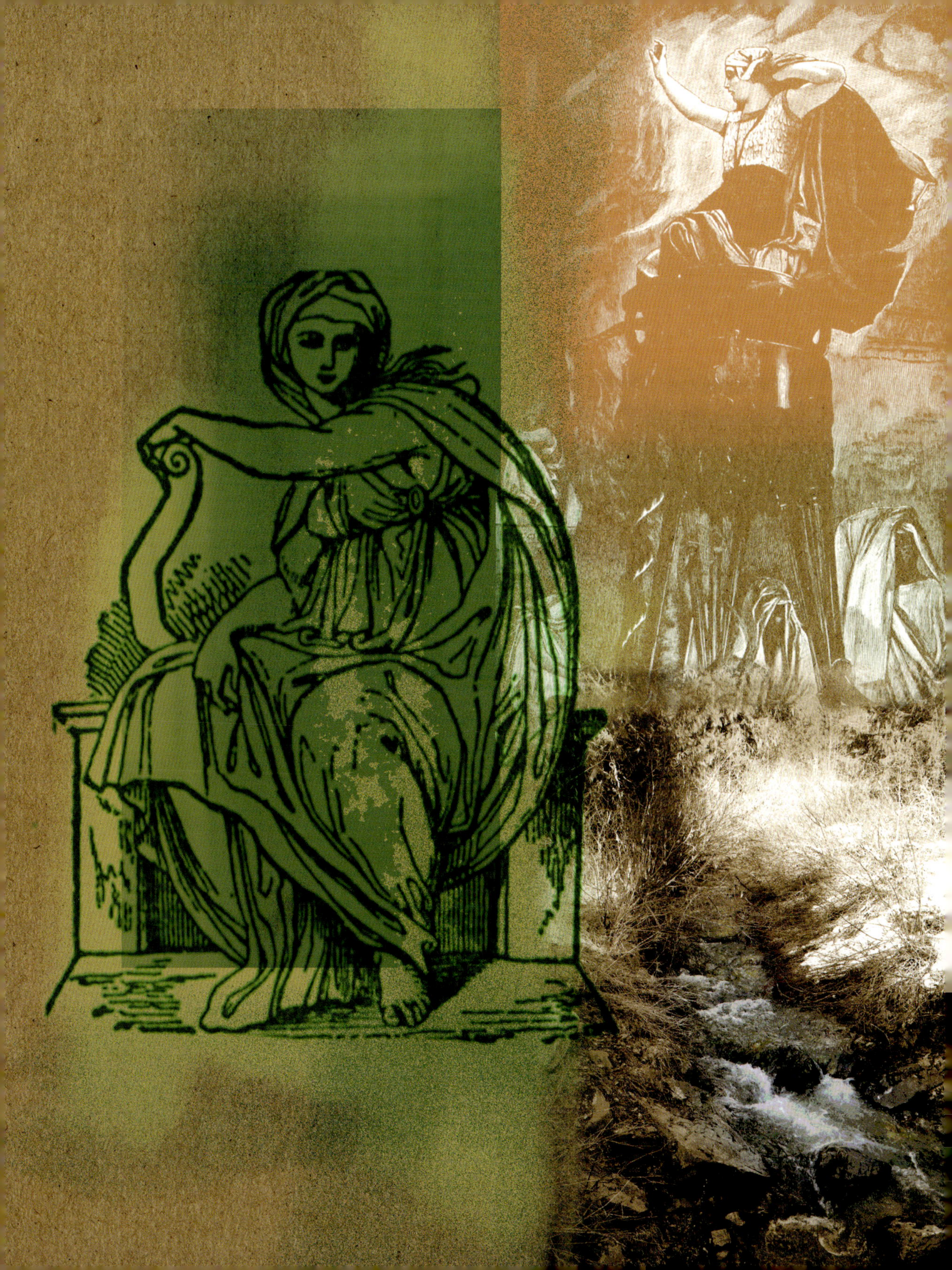

HERÓIS

HERÓIS
GLOSSÁRIO

centauros Criaturas metade homem, metade cavalo, que simbolizam a natureza selvagem, indomada. Costumam ser retratados como voluptuosos e inebriados seguidores de Dionísio. Uma exceção é o centauro Quíron, tutor de vários heróis, como Aquiles, Ájax, Teseu e, em algumas versões, Héracles, e conhecido por sua inteligência, não só por sua força. Embora os centauros fossem em geral retratados como machos, havia ocasionalmente centauros fêmeas.

Doze Trabalhos Os doze desafios que Héracles teve que vencer, como punição por ter matado esposa e filhos em um acesso de loucura causado por sua antiga inimiga Hera. Depois de recuperar a razão e perceber seu crime, Héracles viajou até Delfos para perguntar ao oráculo como poderia expiar seu erro. Foi-lhe dito que teria que servir durante doze anos o rei Euristeu, que definiu quais seriam os trabalhos. São eles: 1) matar o Leão de Nemeia; 2) matar a Hidra de Lerna; 3) capturar a corça de Cerineia; 4) capturar o javali de Erimanto; 5) limpar os estábulos de Áugias; 6) expulsar as aves de Estínfalo; 7) capturar o touro de Creta; 8) roubar as éguas de Diomedes, comedoras de homens; 9) roubar o cinto de Hipólita; 10) capturar os bois de Gerião; 11) roubar as maças das Hespérides; 12) capturar Cérbero.

Elísio Os Campos Elísios, região do mundo subterrâneo que, ao contrário do Hades, é o equivalente do céu. Enquanto quase todos iam para o Hades — exceto os designados para o Tártaro —, apenas uns poucos iam para o Elísio, lugar de descanso final dos heróis e dos muito bem comportados. Um exemplo é o pai de Eneias, Anquises, descrito por Virgílio como morador de um reino de perpétua primavera. Segundo uma fonte, Cronos presidia o Elísio. Embora o Elísio seja mencionado na *Odisseia*, Odisseu nunca o visitou. Ao contrário, Eneias, na *Eneida*, de Virgílio, foi lá para encontrar o pai, Anquises.

Eneida O poema épico de Virgílio, que reconta a história de Eneias, príncipe troiano que, após uma série de aventuras, acaba fundando um assentamento no Lácio e, com isso, a futura Roma. Dividido em doze livros e escrito entre 29 e 19 a.C., o poema toma muita coisa emprestada da *Odisseia* e da

Ilíada. Ao mesmo tempo, faz referência e presta tributo aos feitos e ao governo de Augusto, que foi imperador do próprio Virgílio.

Estige Para o público de hoje, talvez seja o rio mais conhecido dos existentes no reino subterrâneo do Hades. Dizem que o Estige corre em volta do Hades sete ou nove vezes e que constitui o limite entre os vivos e os mortos. Considerado sagrado mesmo pelos próprios deuses, foi o rio no qual Tétis mergulhou seu filho Aquiles quando bebê, tornando com isso seu corpo invencível — com exceção do calcanhar, por onde ela o segurou.

Greias Duas ou, mais frequentemente, três irmãs das Górgonas. Tinham um só olho e um só dente. Eram filhas de Fórcis e Ceto e, como seus pais, eram antigas deusas marinhas. Em geral retratadas como velhas grisalhas, embora às vezes com corpos de cisne, tiveram olho e dente roubados por Perseu, que então as obrigou a lhe contar o paradeiro de suas irmãs Górgonas.

Ilíada Poema épico de Homero que reconta alguns meses do último ano da Guerra de Troia, embora faça também referências a eventos anteriores. Escrito por volta de 800 a.C., o poema é dividido em 24 livros e trata dos temas praticamente universais do destino e do livre-arbítrio, do divino e do humano, do orgulho e da glória, da compaixão, do amor e do ódio, da vida e da morte. É uma das obras que mais influenciou a literatura ocidental.

Sereias Três ninfas marinhas que com sua irresistível canção atraíam os marinheiros para as rochas próximas à ilha onde moravam. Deméter amaldiçoou-as com corpos de pássaros por não terem evitado o rapto de sua filha Perséfone por Hades. Jasão e seus Argonautas escaparam do desastre trazido pelas Sereias graças a Orfeu, cujo canto prevaleceu e as silenciou. Odisseu mandou seus homens taparem os ouvidos com cera para não escutar o canto das Sereias, mas se fez amarrar ao mastro do navio para poder ouvi-las e ao mesmo tempo ser capaz de resistir.

HÉRACLES/ HÉRCULES

Como já revela o nome do herói, que significa a "Glória de Hera", Héracles estava intimamente ligado à rainha dos deuses, sua maior perseguidora. Humilhada pela aventura amorosa do marido, Zeus, com outra mulher, ela se voltou contra Héracles antes mesmo de seu nascimento. Hera assegurou a Euristeu, mortal algoz do herói, a coroa de rei que Zeus pretendia dar a Héracles. Quando a deusa colocou serpentes na cama de Héracles para matá-lo, foi ele que as dizimou, mostrando a força que mais tarde lhe permitiria superar vários desafios, como os Doze Trabalhos. Esses trabalhos o levaram do Peloponeso, sua terra natal, a lugares exóticos, até mesmo para os confins da Terra e para o mundo subterrâneo. Héracles na realidade sucumbiu às mãos de uma de suas vítimas: o centauro Nesso, que o herói matara quando Nesso tentava estuprar sua esposa, Dejanira. Acreditando que fosse uma poção do amor, Dejanira deu a Héracles uma túnica embebida no sangue de Nesso; enquanto o veneno corroía sua carne, o herói insistiu em ser colocado na própria pira funerária. Após a morte, Atena o transportou de carruagem até o Monte Olimpo. O casamento de Héracles com Hebe simbolizou seu renascimento divino, ao mesmo tempo que o reconciliou com a mãe de Hebe, sua ex-inimiga Hera.

ORIGEM
Héracles, conhecido em Roma como Hércules, era filho de Zeus e Alcmena. Mais festejado dos heróis clássicos, ele transcendeu a mortalidade e se juntou aos deuses Olímpicos.

REPRESENTAÇÃO
Héracles destacou-se não só por suas extraordinárias força e resistência, mas também pela inteligência, pelas habilidades e pelo talento para a música. Tinha gênio irascível, sexualidade exuberante — que uma vez lhe permitiu deflorar 50 donzelas em uma só noite — e a tendência a sofrer surtos de loucura que resultavam em atrocidades — a pior delas quando matou sua primeira esposa, Mégara, e os filhos. A punição, aceita por ele, foram os Doze Trabalhos.

TEMA RELACIONADO
Na Antiguidade, Héracles era comparado a Melqart, o "Héracles de Tassos" (Heródoto 2.44). Existem paralelos, ainda, com as figuras bíblicas Sansão e Golias.

DADOS BIOGRÁFICOS
ZEUS/JÚPITER
Rei do Olimpo, deus dos céus
p. 32

HERA/JUNO
Rainha dos deuses, esposa de Zeus/Júpiter
p. 34

CITAÇÃO
Susan Deacy

Maior entre os heróis, Héracles é conhecido pelos Doze Trabalhos. O primeiro foi lutar contra um famoso leão, e o último, trazer Cérbero, o cão dos infernos, para a superfície da Terra.

αβγδεςζηθια

AQUILES

Aquiles era filho de Peleu, o rei

mortal dos Mirmidões, e de Tétis, uma ninfa que tentou torná-lo imortal mergulhando-o no rio Estige ainda bebê. Infelizmente, ela não atinou que o ponto no calcanhar por onde o segurava não seria banhado pelas águas e permaneceria, portanto, vulnerável a ferimentos mortais. Os deuses deixaram Aquiles escolher entre uma vida curta cheia de glórias ou uma longa existência na obscuridade. Ele escolheu a primeira opção e se tornou o maior guerreiro grego na Guerra de Troia. O poema épico *Ilíada* conta da raiva de Aquiles quando insultado pelo rei Agamenon, que lhe roubou uma escrava recebida como prêmio de batalha. Aquiles se recusou a continuar lutando. Quando os gregos passaram a sofrer perdas, porém, seu amigo Pátroclo pediu-lhe emprestada a armadura para lutar. Pátroclo teve um bom desempenho, mas foi morto pela contraparte troiana de Aquiles, Heitor. Louco de raiva, Aquiles não só matou Heitor como aviltou seu corpo, e parou apenas quando o pai do herói troiano, Príamo, implorou pelo cadáver. Perto do fim da Guerra de Troia, Aquiles pereceu ao ser atingido no calcanhar por uma flecha atirada por outro príncipe troiano, Páris.

ORIGEM
Maior combatente da Guerra de Troia, Aquiles preferiu uma vida curta de glórias a uma longa existência na obscuridade.

REPRESENTAÇÃO
Em algumas versões do mito, Aquiles é levado ao Elísio e se casa com Medeia, mas na *Odisseia* de Homero a sombra de Aquiles aparece a Odisseu e fala do arrependimento por ter decidido morrer jovem e ter que passar a eternidade no Hades. Embora se sinta consolado quando tem notícias pelo visitante Odisseu de seu filho, Neoptólemo, sua tristeza sem trégua mina a tradicional insistência épica no valor da glória.

TEMA RELACIONADO
A ideia de um herói invulnerável exceto por um detalhe não considerado também aparece na história teutônica de Siegfried e na indiana de Krishna.

DADOS BIOGRÁFICOS
TROIA
Lendária cidade-estado e local da Guerra de Troia
p. 88

ODISSEU/ULISSES
Rei de Ítaca e grande estrategista da Guerra de Troia
p. 102

CITAÇÃO
Emma Griffiths

O talento sobre--humano de Aquiles como lutador foi prejudicado por seu egoísmo. Hoje, o "calcanhar de Aquiles" é uma metáfora de uma falha ou imperfeição de caráter, capaz de afetar mesmo os mortais de maior prestígio.

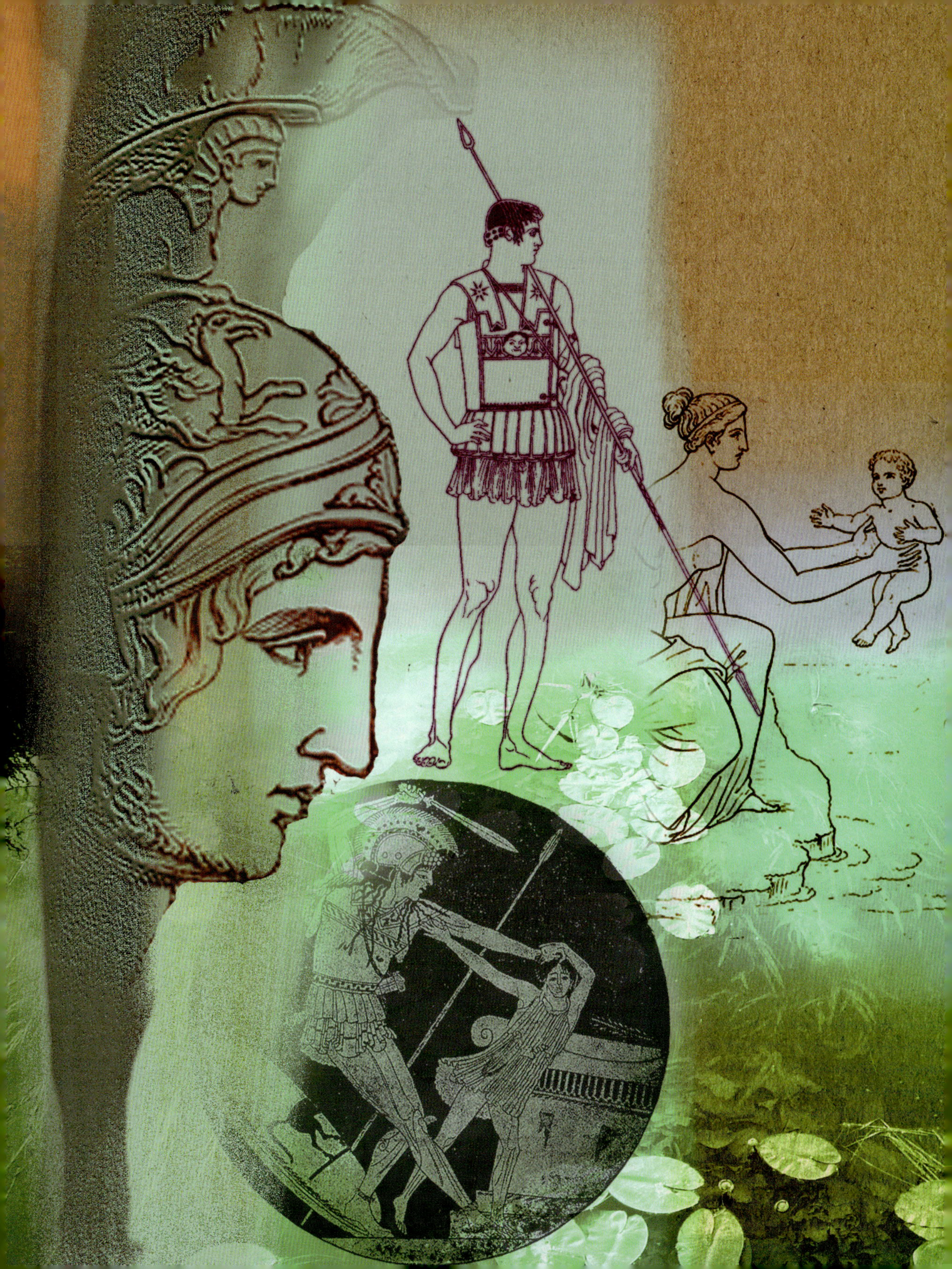

c. 525/524 a.C.
Nasce em Elêusis, Grécia

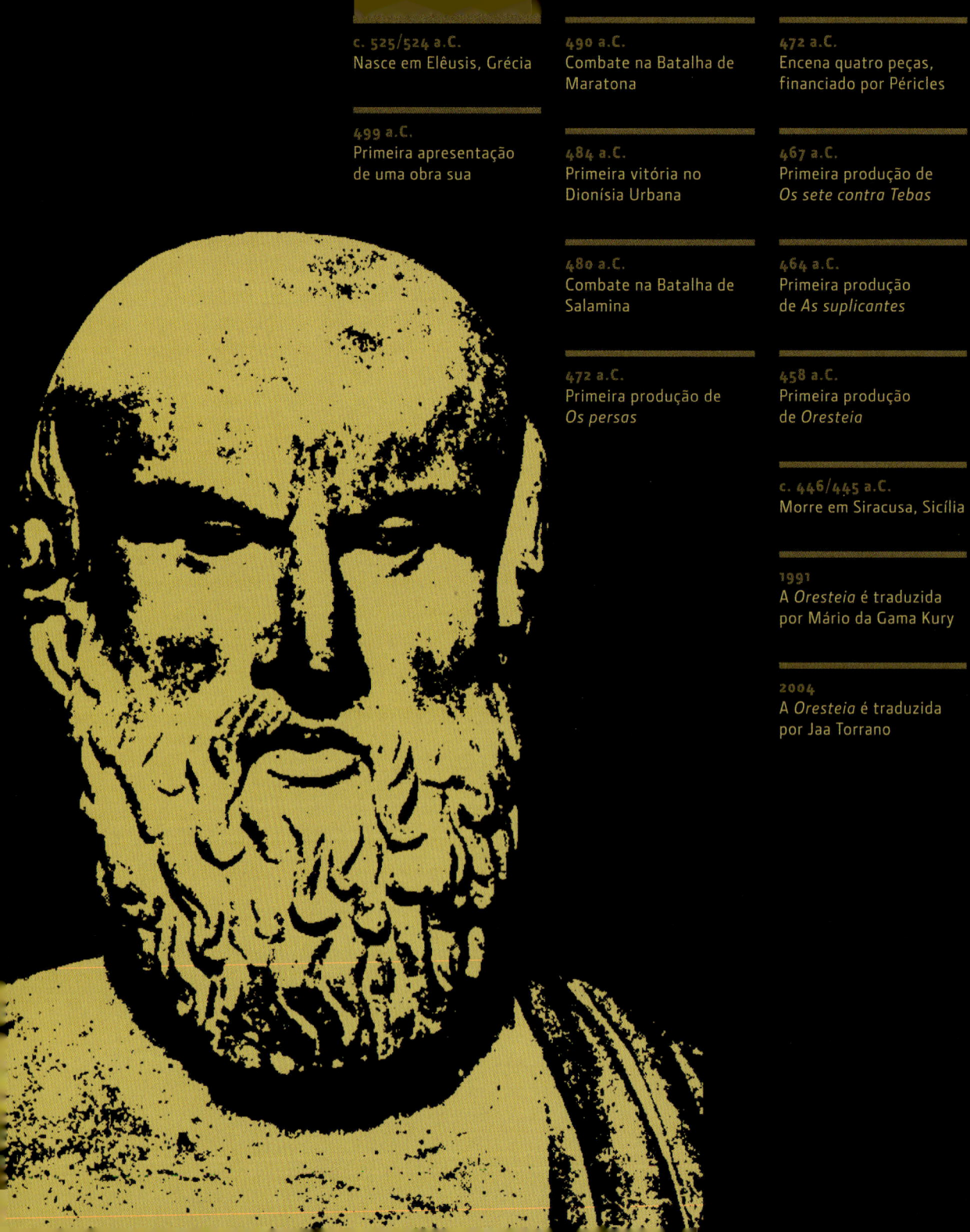

499 a.C.
Primeira apresentação de uma obra sua

490 a.C.
Combate na Batalha de Maratona

484 a.C.
Primeira vitória no Dionísia Urbana

480 a.C.
Combate na Batalha de Salamina

472 a.C.
Primeira produção de *Os persas*

472 a.C.
Encena quatro peças, financiado por Péricles

467 a.C.
Primeira produção de *Os sete contra Tebas*

464 a.C.
Primeira produção de *As suplicantes*

458 a.C.
Primeira produção de *Oresteia*

c. 446/445 a.C.
Morre em Siracusa, Sicília

1991
A *Oresteia* é traduzida por Mário da Gama Kury

2004
A *Oresteia* é traduzida por Jaa Torrano

ÉSQUILO

Ésquilo foi o pai da tragédia clássica. Seus sucessores mais famosos, Sófocles e Eurípides, fizeram mudanças significativas no gênero, mas partiram de suas realizações. O próprio Ésquilo herdou algum tipo de tragédia, mas transformou o gênero ao introduzir um segundo ator, aumentando assim o diálogo e também tirando um pouco da importância do coro. Ele transformou a trilogia convencional em um conjunto unificado de peças. Antes, os dramaturgos compunham três peças separadas e mais uma peça satírica obscena. Das trilogias de Ésquilo, sobreviveu apenas a *Oresteia*.

Tematicamente, as peças de Ésquilo, das quais restaram apenas seis ou sete das mais de 70 que escreveu, enfatizam a responsabilidade humana pelas ações. Para Ésquilo, o apelo padrão ao Destino e aos deuses é uma evasão de responsabilidade. Mas ele defende também uma devoção aos deuses, a quem os humanos devem se submeter, e retrata-os mais como bons do que como maus. Traça também sua transição de forças iradas a figuras de compaixão e justiça. Condena tanto os deuses quanto os humanos pelo excesso de orgulho e defende a moderação. Acredita que é do sofrimento, sempre suportado por seus personagens, que pode advir a sabedoria.

A primeira peça de Ésquilo, *Os persas*, sobre a Batalha de Salamina, foi única entre as tragédias gregas por tratar de eventos contemporâneos. Em *Os sete contra Tebas* ele culpa os próprios humanos pelo parricídio e pelo incesto, em vez de atribuí-los a uma maldição divina, que era a explicação comum. Sua *Oresteia* conta a história da vida do rei Agamenon de Argos e da destruição dele e de sua família. É também a única trilogia completa que restou dos dramaturgos da Grécia clássica.

Ésquilo nasceu em Elêusis, a noroeste de Atenas. A cidade era famosa pelo culto a Deméter. Embora iniciado na devoção a essa deusa, Ésquilo era mais inspirado por Dionísio. O teatro grego começou em Dionísia, onde havia festivais em homenagem ao deus. A obra de Ésquilo fez muito sucesso em sua época: ele venceu as competições de Dionísia Urbana treze vezes — e ainda é muito encenado hoje.

Ésquilo era também soldado. Ele lutou tanto em Maratona quanto em Salamina, defendendo a Grécia dos invasores persas. Seu epitáfio ignora sua contribuição à arte dramática e se concentra em sua competência militar.

ODISSEU/ULISSES

Talvez o exemplo mais famoso

da astúcia de Odisseu, pela qual se tornou célebre, foi o esquema que ele concebeu para pôr fim ao cerco de Troia. O Cavalo de Troia, no qual escondeu guerreiros gregos, tornou-se um símbolo da tática de indução ao erro. A astúcia de Odisseu, porém, não se limitou a Troia e a suas muitas aventuras ao voltar para casa. Antes, ainda em Ítaca, ele tentara escapar da obrigatoriedade de se juntar ao exército de Agamenon fingindo-se de louco. Mas, apesar de toda sua astúcia, Odisseu tinha momentos de arrogância, como quando, ao partir da ilha dos Ciclopes, revelou seu verdadeiro nome a Polifemo, o Ciclope que acabara de enganar. Essa revelação fez cair sobre ele a ira de Poseidon, pai de Polifemo, que, como deus do mar, estava em ótima posição para dificultar a viagem de Odisseu de volta para casa. Entre as várias mulheres que mimaram Odisseu está a feácia Nausícaa; ela convenceu seu povo a acolher Odisseu quando ele naufragou na ilha, e conseguiu que lhe providenciassem navios para seu retorno a Ítaca. Já em sua terra, Odisseu concebe com Atena o plano para derrotar os pretendentes que haviam ocupado seu lugar e cortejavam sua esposa.

ORIGEM
Odisseu, conhecido pelos romanos como Ulisses, foi o herói cuja inteligência lhe permitiu superar o que para qualquer outro seriam obstáculos intransponíveis em seu retorno após lutar na Guerra de Troia.

REPRESENTAÇÃO
As viagens de Odisseu em sua volta para casa o levaram até os confins do oceano, onde encontrou as sombras dos mortos. Entre os personagens em vida que conhece na jornada estão a feiticeira Circe; as Sereias de canto irresistível, que só Odisseu ouviu e viveu para contar; e a deusa Calipso, que o manteve numa ilha deserta por sete anos como seu amante.

TEMA RELACIONADO
Entre os heróis cujas aventuras se igualam às de Odisseu estão Eneias e Simbad, o Marujo.

DADOS BIOGRÁFICOS
POSÊIDON/NETUNO
Deus do mar e dos cavalos, irmão de Zeus
p. 36

ATENA/MINERVA
Deusa da sabedoria, da guerra e da justiça
p. 52

POLIFEMO
Ciclope filho de Poseidon
p. 68

CITAÇÃO
Susan Deacy

Odisseu era tão hábil em maquinações que partilhou o epíteto de polymetis ("herói dos mil artifícios") com sua ajudante divina, Atena.

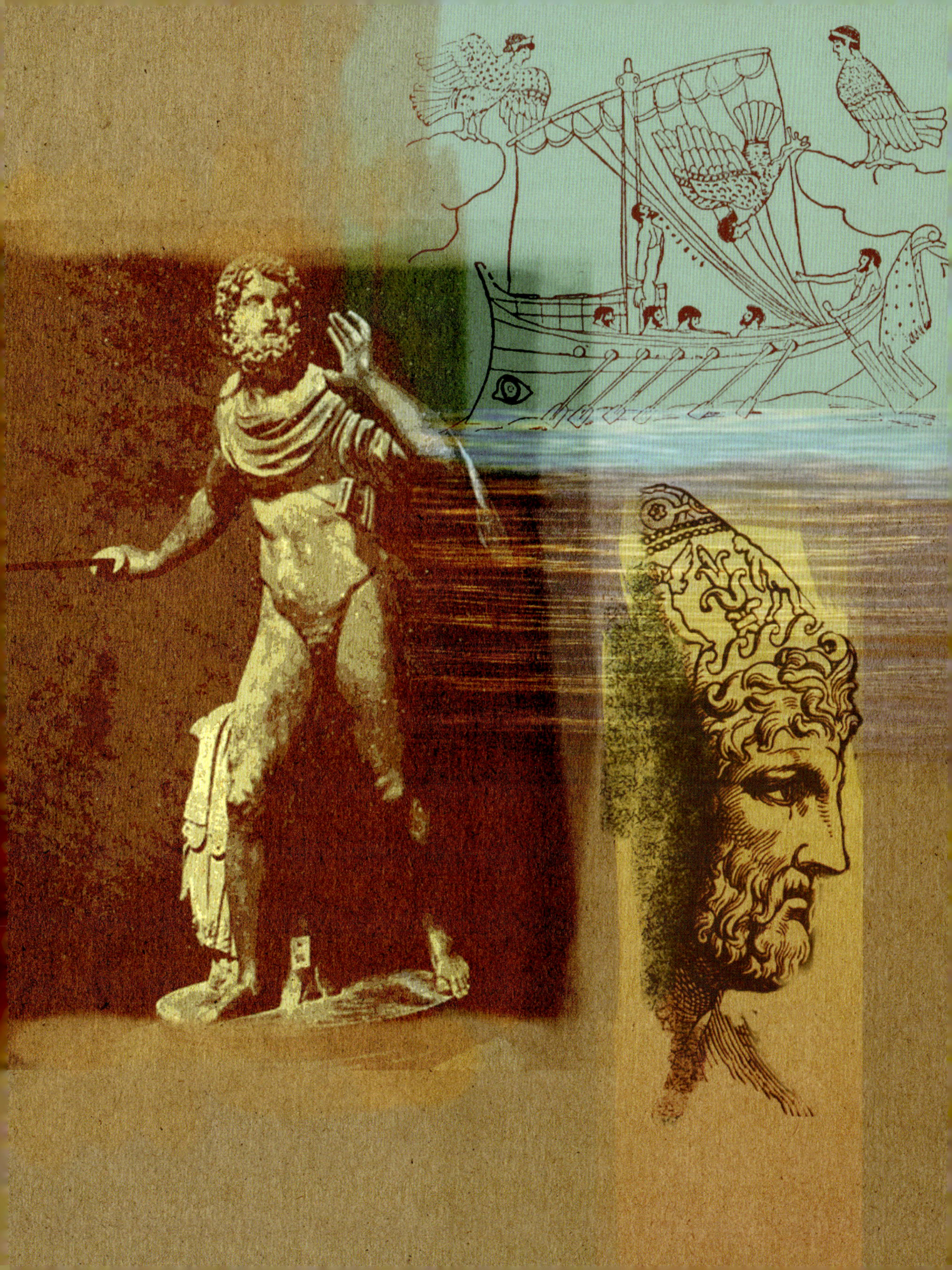

ENEIAS

Personagem secundário na *Ilíada*,

Eneias é protagonista do épico romano de Virgílio, a *Eneida*. Quando Troia caiu nas mãos dos gregos, Eneias escapou, carregando o velho pai nas costas e imagens dos deuses nas mãos, com ordens do próprio Júpiter (Zeus) de liderar os sobreviventes troianos até uma nova terra e um destino histórico. Como Odisseu, Eneias vagou durante anos, batido por tempestades, perseguindo profecias ambíguas. Em Cartago, ele e a rainha Dido tiveram um caso de amor, mas os deuses disseram a Eneias "Siga em frente!" e Dido se suicidou. Ao chegar à Itália, Eneias envolveu-se em outra guerra contra o líder da resistência local, Turno. Por fim, fundou a nova cidade, precursora de Roma, mas não viveu para desfrutá-la. Eneias era um novo tipo de herói romano, diferente do glorioso Aquiles ou do matreiro Odisseu. A palavra de Virgílio para defini-lo é *pius* — movido pelo sentimento de abnegação da *pietas*, ou seja, pelo dever aos deuses, à família e à nação. Ele recebeu dos deuses um escudo no qual estava gravada a futura história de Roma e "carrega nos ombros a fama à qual se destinam seus descendentes". Trata-se de um herói relutante, que teve literalmente que carregar o fardo da história. Na morte, os deuses o tornaram imortal.

ORIGEM

"As armas e o varão eu canto." O varão, ou herói, era Eneias, príncipe troiano, filho humano de Vênus (Afrodite) e destinado a se tornar o ancestral dos romanos.

REPRESENTAÇÃO

Foi necessária certa manipulação criativa do mito e da história para que Virgílio, ou suas fontes, ligassem a queda de Troia (no século XII a.C.) à fundação de Roma (tradicionalmente 753 a.C.); três séculos de reis tiveram que ser inventados para preencher o intervalo de Eneias até Rômulo. Um caso de amor impossível entre Eneias e Dido, fundadora de Cartago (século VIII a.C.), serviu como pretexto para a origem das Guerras Púnicas.

TEMA RELACIONADO

Eneias tem alguma similaridade com o Moisés bíblico, outro herói comandado por Deus para liderar seus seguidores em longas perambulações, mas que morre antes de entrar na Terra Prometida.

DADOS BIOGRÁFICOS

ZEUS/JÚPITER
Rei do Olimpo, deus dos céus
p. 32

AFRODITE/VÊNUS
Deusa do amor e da beleza
p. 50

DIDO
Rainha de Cartago, trágica amante de Eneias
p. 126

VIRGÍLIO
Poeta épico romano, autor da *Eneida*
p. 128

CITAÇÃO

Geoffrey Miles

Movido pelo dever, Eneias é o exemplo de um novo tipo de herói romano.

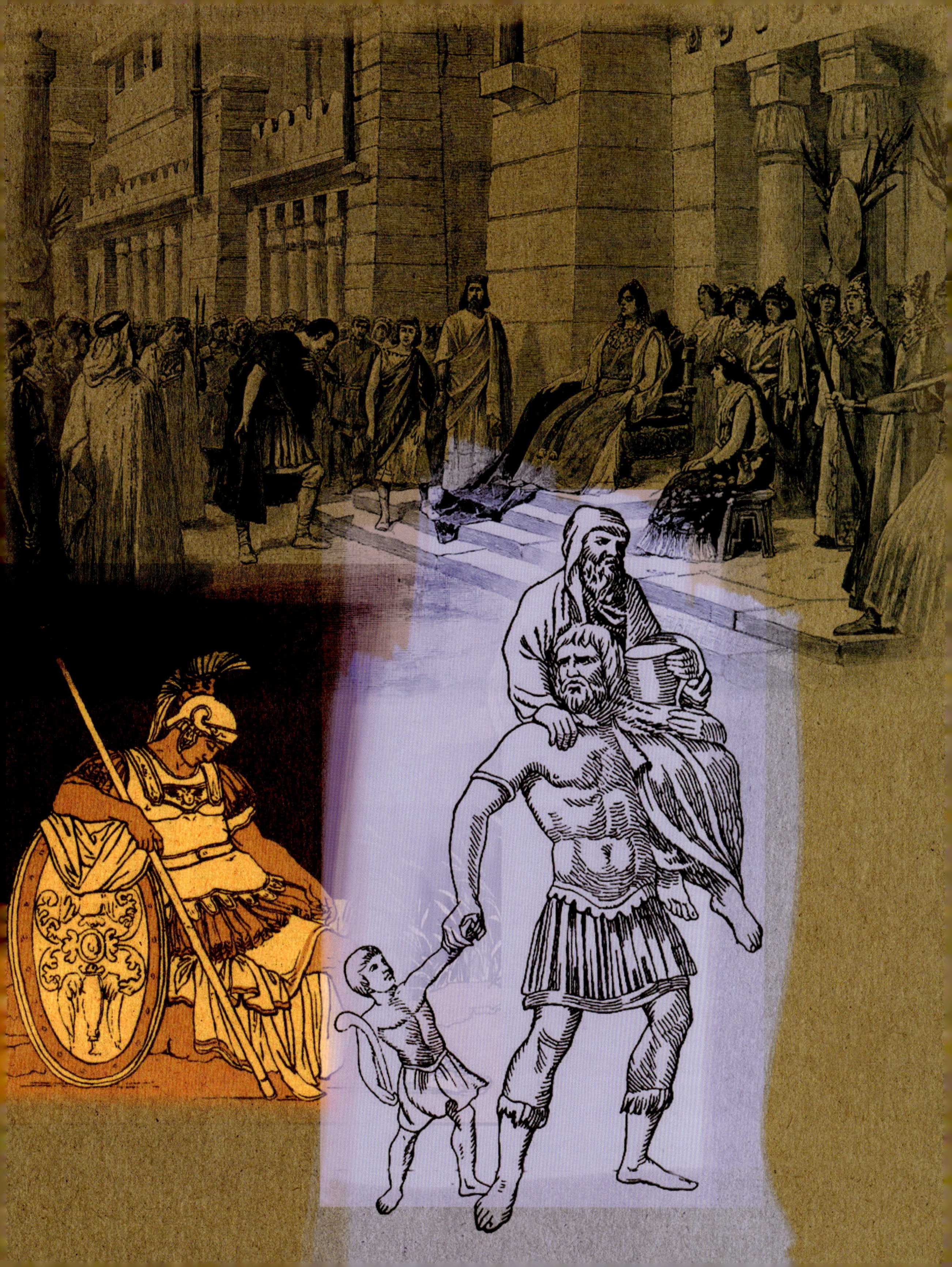

TESEU

Ao chegar à idade adulta e erguer a imensa pedra que cobria a espada e as sandálias de seu pai, Egeu, Teseu demonstrou a força que o marcaria como herói nos moldes de Héracles. Ao viajar a Atenas para reivindicar seu direito de primogenitura, escolheu o caminho por terra em vez da travessia marítima, mais curta, a fim de eliminar os vários assaltantes, governantes e monstros que perturbavam as localidades ao longo do caminho. Ao chegar a Atenas, depois de superar as tentativas da madrasta Medeia de matá-lo, conseguiu livrar a cidade de suas obrigações para com Minos. Navegou até Creta com um grupo de jovens enviados como oferenda ao Minotauro e acabou abatendo a criatura, ajudado por Ariadne, filha de Minos. Ela fugiu com Teseu, mas foi abandonada em Naxos. Quando Teseu esqueceu de substituir a vela preta, que indicava fracasso, pela branca, Egeu, achando que seu filho tivesse morrido, atirou-se ao mar que desde então leva seu nome. Outras aventuras de Teseu foram sua expedição à terra das amazonas e uma tentativa fracassada de abduzir Perséfone, o que resultou no confinamento eterno de seu cúmplice Pírito no Hades. A vida de Teseu chegou ao fim quando, como o pai, caiu de um rochedo, mas empurrado por Licomedes.

ORIGEM
Teseu foi um herói da cultura, que ajudou a civilizar o mundo ao livrá-lo das bestas. Também foi saudado como reformador, por ter estabelecido o sistema político de Atenas.

REPRESENTAÇÃO
Teseu nasceu de uma relação ocorrida na ilha de Sferia entre a princesa Etra, de Trezena, e ou o rei ateniense Egeu ou o deus Posêidon. Teseu foi fruto de um truque, embora a identidade do autor desse truque varie, assim como a da vítima. Há duas versões: na primeira, Piteu, pai de Etra, embebeda Egeu antes de fazê-lo dormir com a princesa; na segunda, Atena persuade Etra a ir para Sferia, e lá a princesa é pega de surpresa por Posêidon.

TEMA RELACIONADO
O tema de viajar a uma terra distante, derrotar um monstro e escapar com a donzela local aparece em muitos relatos folclóricos que contam com a figura da "moça-ajudante".

DADOS BIOGRÁFICOS
POSÊIDON/NETUNO
Deus do mar e dos cavalos, irmão de Zeus
p. 36

MINOTAURO
Ser monstruoso — em parte homem, em parte touro
p. 62

HÉRACLES/HÉRCULES
Herói grego de imensa força
p. 96

CITAÇÃO
Susan Deacy

Como muitos outros heróis clássicos, Teseu teve uma vida ao mesmo tempo gloriosa e trágica.

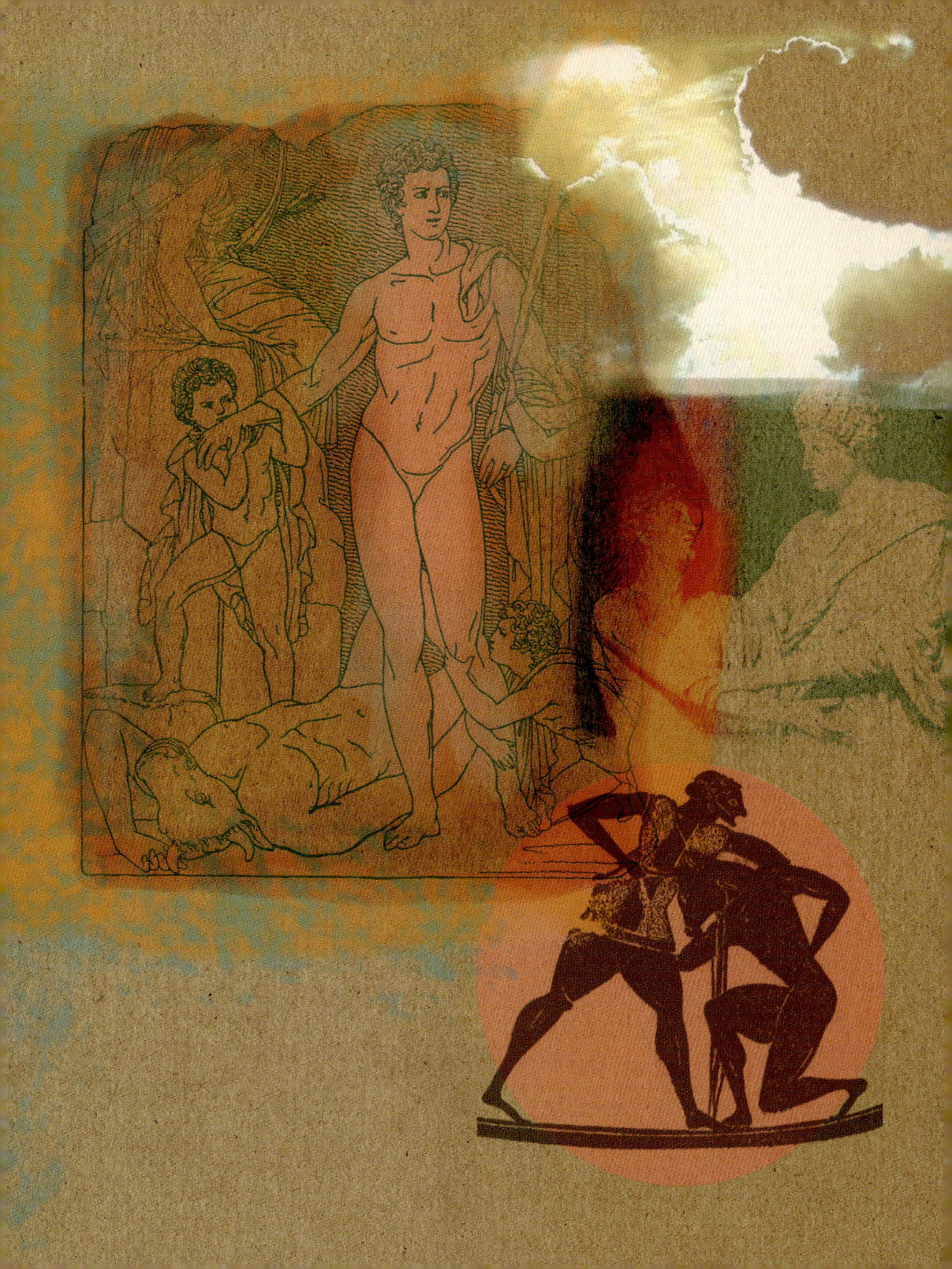

PERSEU

O nascimento de Perseu é exemplo da habilidade de seu pai, Zeus, em procriar de maneiras incomuns, dessa vez como uma chuva de ouro que se infiltrou na torre onde Dânae estava presa. A razão do aprisionamento de Dânae foi a advertência que um oráculo fez a Acrísio, seu pai, de que o filho dela iria matá-lo. Quando descobriu que, apesar das precauções tomadas, a filha dera à luz Perseu, Acrísio lançou os dois ao mar numa arca. A arca chegou à ilha de Sérifos, e Perseu foi criado por um pescador, irmão de Polidecto, rei da ilha. Polidecto queria se livrar de Perseu para poder se casar com sua mãe, Dânae, e propôs um torneio cujo vencedor seria quem trouxesse a cabeça da Medusa, a única Górgona mortal. Apesar das apostas contrárias de Polidecto, Perseu foi bem-sucedido na façanha, auxiliado por Atena e Hermes, assim como por um trio de ajudantes involuntárias, as Greias, irmãs das Górgonas. Ele teve ainda assistência adicional das ninfas, que, segundo alguns relatos, forneceram-lhe quatro tesouros: o manto de invisibilidade normalmente usado por Hades, um par de sandálias aladas que lhe permitiram voar até a Terra das Górgonas e depois escapar das irmãs sobreviventes da Medusa, uma foice adamantina para decapitar o monstro e uma bolsa para guardar sua cabeça.

ORIGEM
Perseu foi o algoz da Górgona Medusa. Sua mãe era Dânae, filha de Acrísio, e seu pai, Zeus.

REPRESENTAÇÃO
Uma das façanhas de Perseu ao voltar da Terra das Górgonas foi matar o monstro marinho que estava prestes a devorar Andrômeda, acorrentada a uma rocha para aplacar a ira de Posêidon depois que a mãe dela afirmara ser mais bela que as Nereidas. Ao retornar à ilha de Sérifos, Perseu mostrou a cabeça da Górgona a Polidecto, o qual foi então transformado em pedra. Como o oráculo previra, Perseu acabou matando o avô — embora por acidente, ao arremessar um disco em uma competição esportiva.

TEMA RELACIONADO
Outras culturas também têm histórias com esse motivo folclórico, de um herói que encontra três pessoas mais velhas, em geral mulheres e que às vezes têm um olho só.

DADOS BIOGRÁFICOS
ZEUS/JÚPITER
Rei do Olimpo, deus dos céus
p. 32

ATENA/MINERVA
Deusa da sabedoria, da guerra e da justiça
p. 52

HERMES/MERCÚRIO
Mensageiro dos deuses
p. 54

MEDUSA E AS GÓRGONAS
Monstros com serpentes em lugar de cabelo
p. 64

CITAÇÃO
Susan Deacy

Fruto de um dos muitos casos amorosos ilícitos de Zeus, Perseu se consagrou ao decapitar a Górgona Medusa.

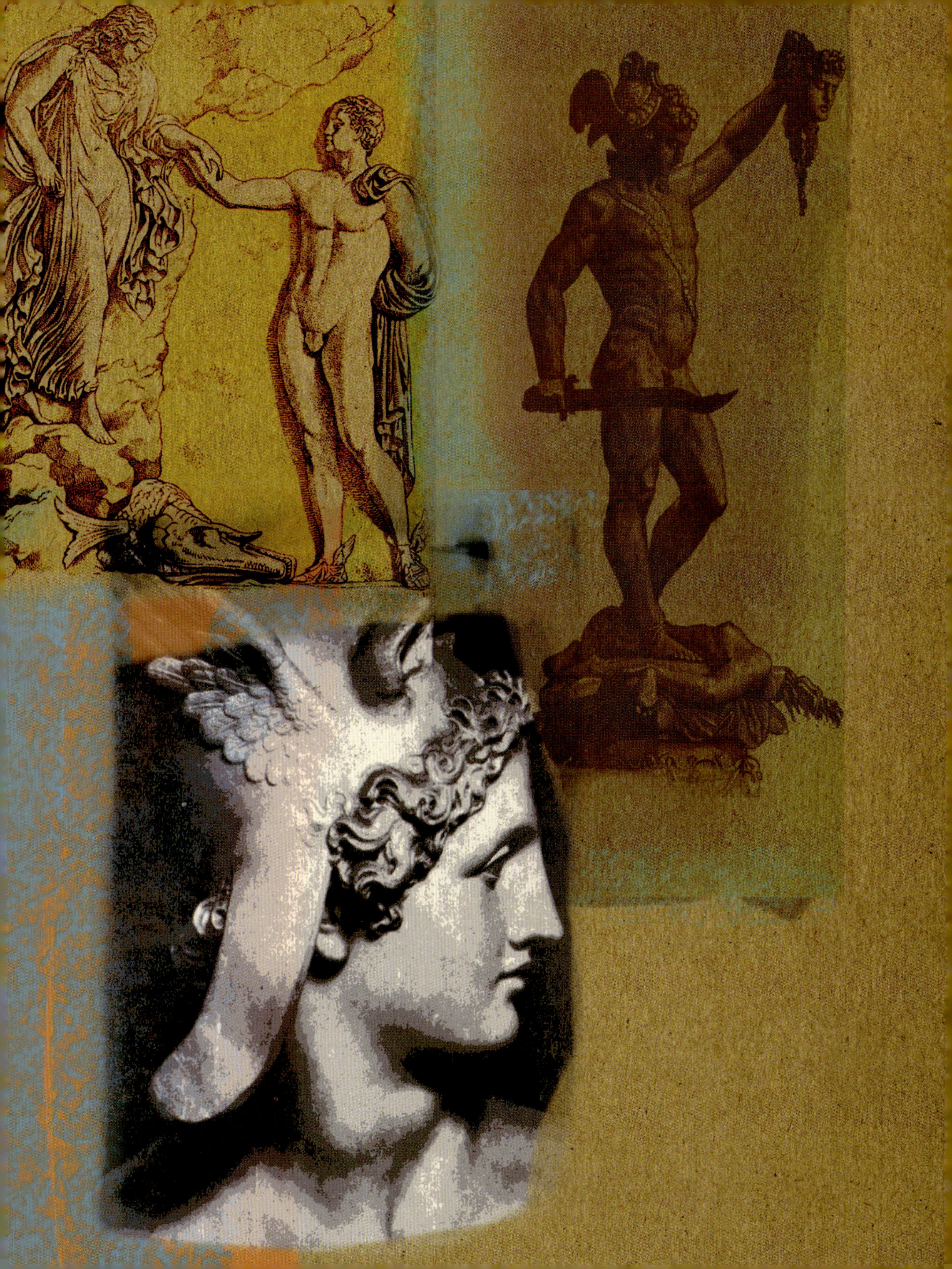

FIGURAS TRÁGICAS

FIGURAS TRÁGICAS
GLOSSÁRIO

Argonautas Com o nome derivado do barco em que navegavam, o *Argo*, os Argonautas eram um grupo de heroicos aventureiros que acompanhou Jasão em sua viagem até a Cólquida (atual Geórgia), nas margens do mar Negro, à procura do Tosão de Ouro. O número de Argonautas varia conforme a fonte, mas a cifra mais comum é em torno de 50, e entre eles estavam alguns dos mais famosos heróis da Antiguidade, como Héracles, Orfeu e Teseu. Os gregos antigos com frequência se autodenominavam descendentes dos Argonautas.

Esfinge Na mitologia grega, a Esfinge era um monstro feminino, segundo alguns filha de Equidna e Tifão, com cabeça de mulher, corpo de leão e asas de águia. Ela foi enviada a Tebas (talvez por Hera) para vingar uma ofensa passada. Propôs então um enigma, que lhe foi passado pelas Musas, e a cada resposta errada um tebano era devorado. Quando Édipo decifrou a adivinha, a Esfinge se atirou de um penhasco e morreu. Como recompensa, Édipo foi coroado rei de Tebas e se casou com a rainha, viúva recente, que era sua mãe.

Mênades Também conhecidas como bacantes, as "loucas" eram seguidoras de Dionísio, deus do vinho e do êxtase. Sob efeito do álcool, realizavam rituais orgiásticos, que às vezes envolviam carnificinas de animais. São atribuídos a elas os assassinatos de Penteu e de Orfeu, por não terem honrado Dionísio.

metamorfose A transformação de um objeto em outro. Nos mitos, a mudança em geral é de humano em animal ou planta. A mitologia grega é farta em metamorfoses, empreendidas propositalmente por um deus ou uma deusa a fim de alcançar uma ambição ou desígnio pessoal, como Zeus ao se transformar em cisne para seduzir Leda, ou então impingidas a mortais como punição, como fez Ártemis ao transformar Acteão em cervo. Há muito tem sido sugerido que as histórias de metamorfoses em religiões arcaicas explicam a transformação inversa: da adoração de animais ao culto de divindades mais humanizadas.

Mistérios Órficos Coletânea de versos sagrados atribuídos à figura mitológica de Orfeu, em nome de quem foi estabelecido o culto do Orfismo. Seus adeptos acreditavam na natureza dual da humanidade — parte divina (herdada de Dionísio) e parte maligna (herdada dos Titãs). A parte divina só poderia prevalecer sobre a maligna se seguisse um rigoroso caminho ético e se se dedicasse a práticas ascéticas.

Sete contra Tebas Os sete combatentes do exército de Argos que atacaram os sete portões da cidade egípcia de Tebas. Após Édipo se exilar de Tebas por decisão própria, ficou acertado que seus filhos Etéocles e Polinices se alternariam no poder. No entanto, após o primeiro ano, Etéocles se recusou a ceder o trono ao irmão. Em resposta, Polinices reuniu um exército em Argos e atacou Tebas. Na batalha que se seguiu, um irmão matou o outro, e o exército de Argos foi derrotado. A família, que já sofrera com incesto e parricídio, suportava agora um fratricídio.

Tosão de Ouro Tosão de um carneiro de ouro alado, requisitado a Jasão para que tivesse acesso ao trono de Iolcos. Anos antes, o carneiro havia sido enviado por Hermes para salvar a vida do filho e da filha de um rei cuja madrasta ciumenta planejara matá-los. O carneiro levou-os em seu lombo, mas a filha, Hele, caiu no mar (daí o nome Helesponto, atual estreito de Dardanelos) antes de chegar à Cólquida (atual Geórgia). O filho sacrificou o carneiro a Zeus, e seu velocino foi colocado num carvalho. A busca de Jasão pelo velocino foi instigada pelo enganoso rei de Iolcos, Pélias, que esperava que a expedição acarretasse a morte de Jasão.

ADÔNIS

Adônis representava o ciclo da

natureza: vida, morte e renascimento. Os mitos em torno de seu papel como amante de Afrodite enfatizam a grande beleza de Adônis e seu fim trágico. Os detalhes sobre quem foram seus pais e como ocorreu seu nascimento variam, mas uma versão popular conta que ele veio à luz após Afrodite amaldiçoar a mãe dele, com frequência chamada de Esmirna (Mirra, para os romanos), com um desejo sexual não natural pelo próprio pai. Quando o pai de Esmirna percebeu que havia cometido um incesto não intencional, tentou matar a filha, mas os deuses se compadeceram e a transformaram em uma árvore, da qual nasceu Adônis. Afrodite encantou-se com a beleza do bebê e, para protegê-lo, colocou-o em uma arca, a qual destinou aos encargos de Perséfone. Esta, porém, não resistiu: abriu a arca e, ao ver a criança, quis retê-la para si. Zeus presidiu a questão e decidiu que Adônis viveria quatro meses com cada uma das deusas e quatro meses com quem ele quisesse. Adônis escolheu Afrodite. Quando cresceu, o jovem Adônis continuou sendo um favorito da deusa do amor. Mimado e inconsciente dos perigos da caça, foi morto por um javali, talvez enviado pelo ciumento Ares, mas obteve permissão para voltar à vida por seis meses a cada ano e passá-los com Afrodite.

ORIGEM
Adônis era um jovem lindo, amado por Afrodite e associado à fertilidade.

REPRESENTAÇÃO
Homens mortais amados por deusas muitas vezes tiveram um fim pouco afortunado. Calipso se desesperou quando Hermes, enviado por Zeus, ordenou que libertasse Odisseu, mas ele acabou se dando bem. Aurora conseguiu a imortalidade para o amado Titono, mas esqueceu de lhe requerer a eterna juventude, permanecendo jovem enquanto ele envelhecia. Em *O ramo de ouro*, James Frazer transforma o humano Adônis em um deus (da vegetação) e o retrata como exemplo do mito da morte e da ressurreição de um deus.

TEMA RELACIONADO
A atuação de Zeus como juiz lembra Salomão, que teve que escolher entre duas mulheres que afirmavam serem mães de uma mesma criança.

DADOS BIOGRÁFICOS
ZEUS/JÚPITER
Rei do Olimpo, deus dos céus
p. 32

APOLO
Deus do Sol, da música e da poesia
p. 42

AFRODITE/VÊNUS
Deusa do amor e da beleza
p. 50

DIONÍSIO/BACO
Deus do vinho e do teatro, filho de Zeus
p. 56

CITAÇÃO
Emma Griffiths

A excepcional beleza de Adônis levou deusas a brigarem por ele.

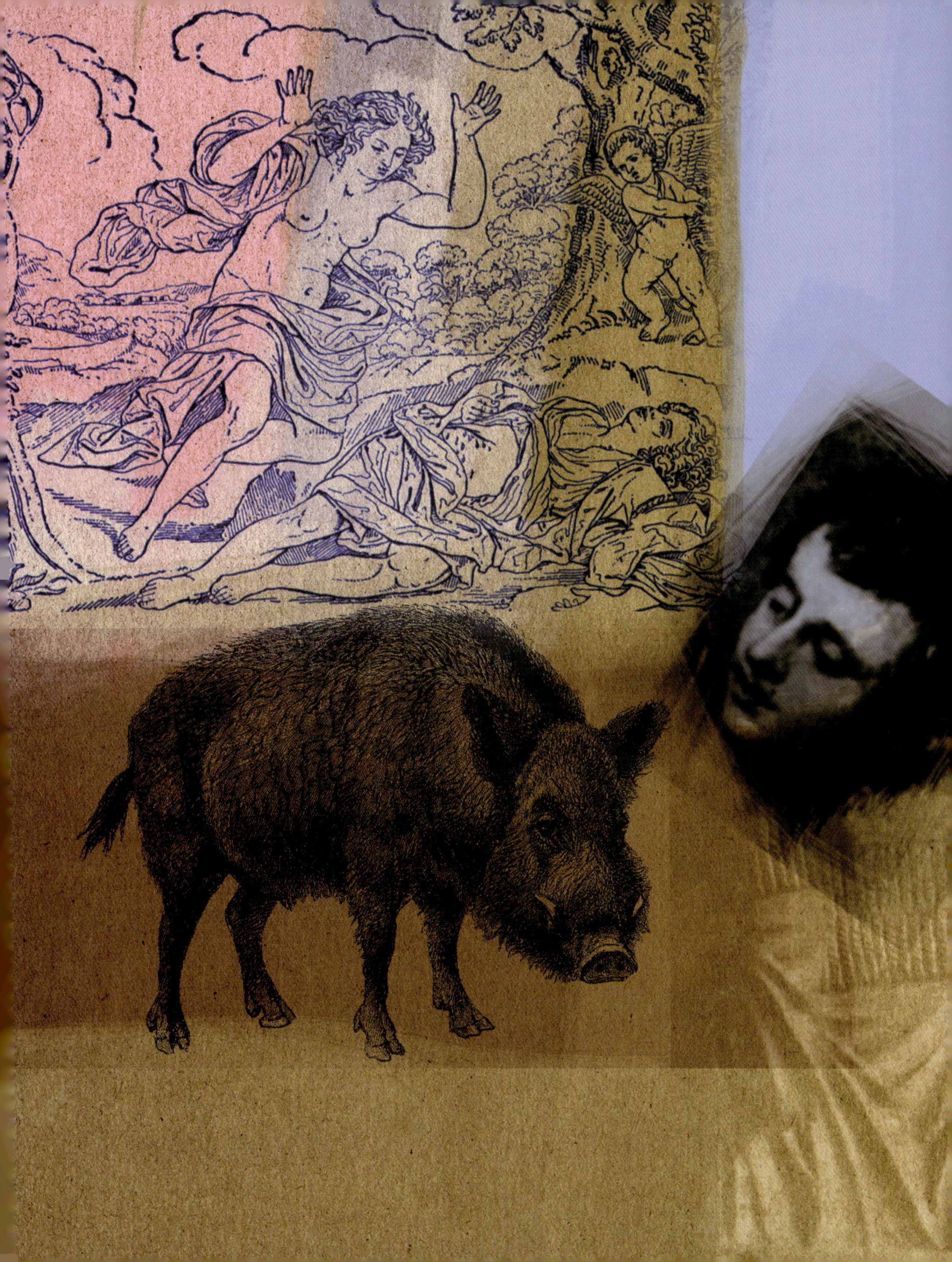

ÉDIPO

O rei Laio de Tebas soube por um oráculo que caso sua mulher, Jocasta, tivesse um filho, este iria matá-lo. Então, quando Jocasta deu à luz um menino, levaram-no a uma selva para morrer ou se perder para sempre. Porém, alguém encontrou o bebê e o entregou ao rei e à rainha de Corinto, que não tinham filhos. Quando adulto, Édipo foi até o Oráculo de Delfos para descobrir se era filho legítimo. O oráculo predisse que ele iria matar o pai e desposar a mãe. Em vez de voltar a Corinto, cujos rei e rainha ele ainda acreditava serem seus pais, Édipo, horrorizado com a profecia, fugiu. Perto de Tebas, vivenciou a primeira briga de trânsito já registrada, com outro viajante, que depois se revelaria como o rei Laio de Tebas — ou seja, seu verdadeiro pai. Édipo, sem saber da identidade do homem, matou-o e seguiu para Tebas, em cuja entrada espreitava a Esfinge, um monstro com corpo de leão, rosto de mulher e asas de pássaro. Ela propôs um enigma, cuja não resolução lhe permitia devorar os tebanos que entravam ou saíam da cidade. Édipo decifrou o enigma, causando a autodestruição da Esfinge. Recompensado com o trono agora vago, herdou também a mão da viúva do falecido rei, Jocasta. Anos mais tarde, a verdade de quem ele era e do que havia feito emergiu.

ORIGEM
Édipo estava destinado a matar o pai e se casar com a mãe, e o acabou fazendo inconscientemente.

REPRESENTAÇÃO
Uma das versões do enigma da Esfinge era: "O que é que tem voz e anda de quatro, depois sobre os dois pés e por fim sobre três?". Édipo respondeu: "O ser humano. Quando bebê, anda de quatro, como adulto anda com os dois pés e, ao envelhecer, de bengala, anda sobre três pés". O chamado "Enigma do Homem" é conhecido em muitos países.

TEMA RELACIONADO
Judas Iscariotes é outro exemplo bem conhecido de indivíduo desafortunado, que teria supostamente matado o pai e desposado a mãe.

DADOS BIOGRÁFICOS
ODISSEU/ULISSES
Herói grego renomado por sua inteligência
p. 102

TESEU
Herói grego que matou o Minotauro
p. 106

PERSEU
Herói grego que matou a Górgona Medusa
p. 108

COMPLEXO DE ÉDIPO
Para a psicanálise, o impulso dos meninos de matar o pai para poder fazer sexo com a mãe
p. 142

CITAÇÃO
William Hansen

Freud viu a trágica história de Édipo como a expressão disfarçada de um desejo masculino universal.

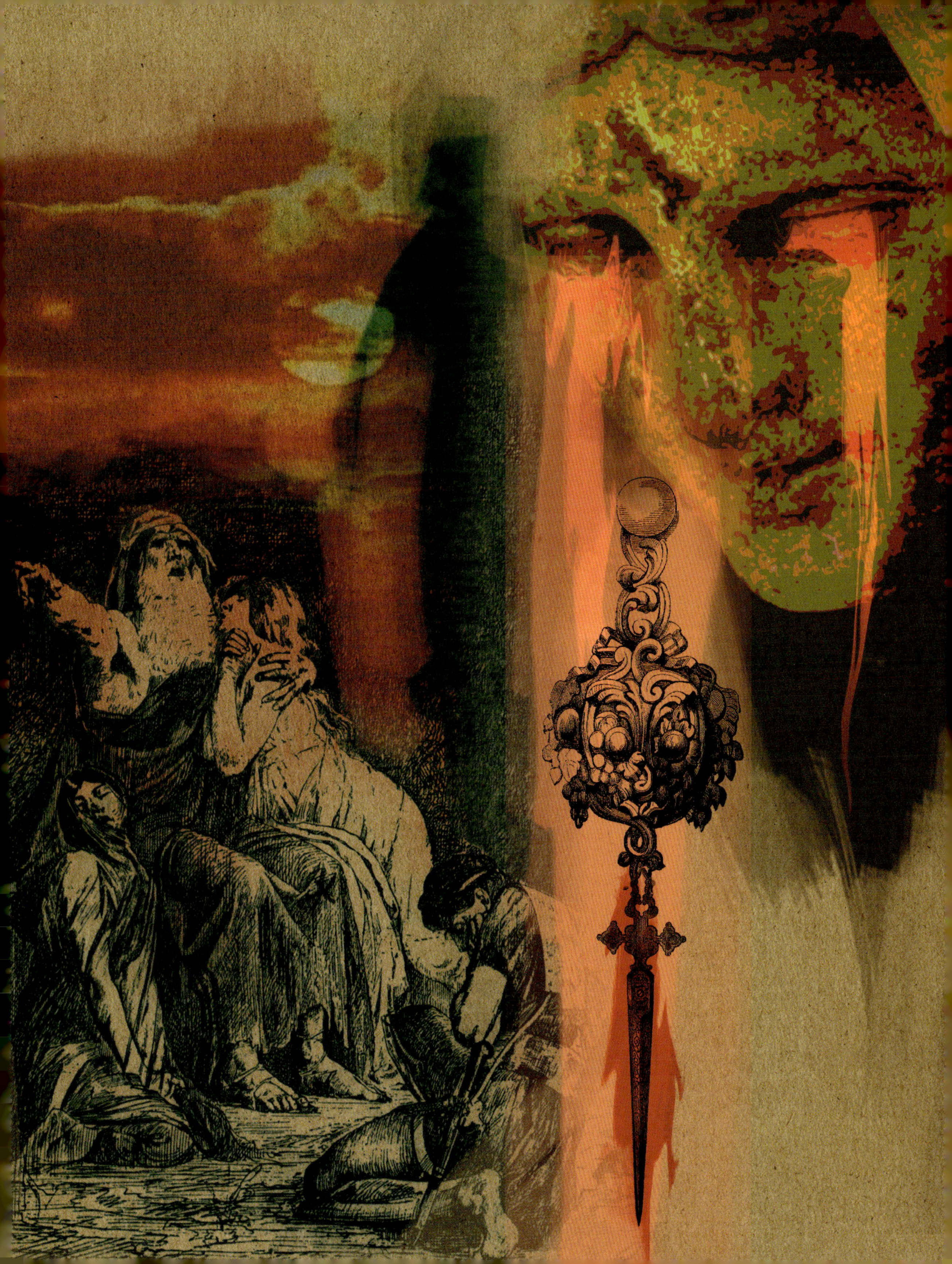

ANTÍGONA

Antígona era a filha da relação

incestuosa entre Édipo e Jocasta. Depois que o incesto de seu pai foi revelado, seguiu-se uma grande guerra, na qual um dos irmãos de Antígona, Polinices, liderou um exército contra Tebas, defendida pelo outro irmão, Etéocles. Os dois se mataram em combate, e Antígona prometeu dar um enterro digno a Polinices, apesar das ordens do rei tebano Creonte para que o corpo fosse deixado exposto a cães e aves. Antígona, convicta da moralidade de suas ações, levou adiante o plano do enterro, mas foi capturada e trazida diante de Creonte. Em sua defesa, a infeliz alegou que a lei dos deuses superava a lei dos homens. Creonte insistiu que as leis do Estado deviam prevalecer, lançando o grande tema da escolha entre o dever para com o Estado e a moral pessoal. Então ordenou que Antígona fosse enterrada viva em uma caverna. Ela se enforcou pouco antes que o filho de Creonte, Hémon, noivo dela, chegasse ao local. Então, em um surto, Hémon se suicidou. A rainha Eurídice de Tebas, esposa de Creonte, ao saber do fim do filho, também se matou, deixando Creonte sozinho.

ORIGEM
Antígona tentou oferecer honras fúnebres ao irmão traidor e foi, por isso, sentenciada à morte.

REPRESENTAÇÃO
A peça de Sófocles foi a primeira inteiramente dedicada a Antígona, mas Eurípides também escreveu sobre o tema uma obra, que se perdeu. A partir de um resumo, sabemos que Creonte havia ordenado ao filho Hémon a execução da moça. O rapaz, porém, a esconde no campo, onde ela tem seu filho. Mais tarde, quando participa dos jogos em Tebas, o filho de Antígona é reconhecido. Ao perceber que haviam descoberto o segredo, Hémon, temendo a ira do pai, mata Antígona e depois se suicida.

TEMA RELACIONADO
A história de Antígona foi imitada pelo dramaturgo francês Jean Anouilh (1943), pelo dramaturgo alemão Bertolt Brecht (1948), pela escritora espanhola María Zambrano (1967) e pelo poeta e escritor irlandês Seamus Heaney (2007).

DADOS BIOGRÁFICOS
ÉDIPO
Rei de Tebas
p. 116

CITAÇÃO
Barry B. Powell

Édipo tem a típica família desestruturada da mitologia clássica. Sua filha Antígona enforca-se após os irmãos matarem-se um ao outro.

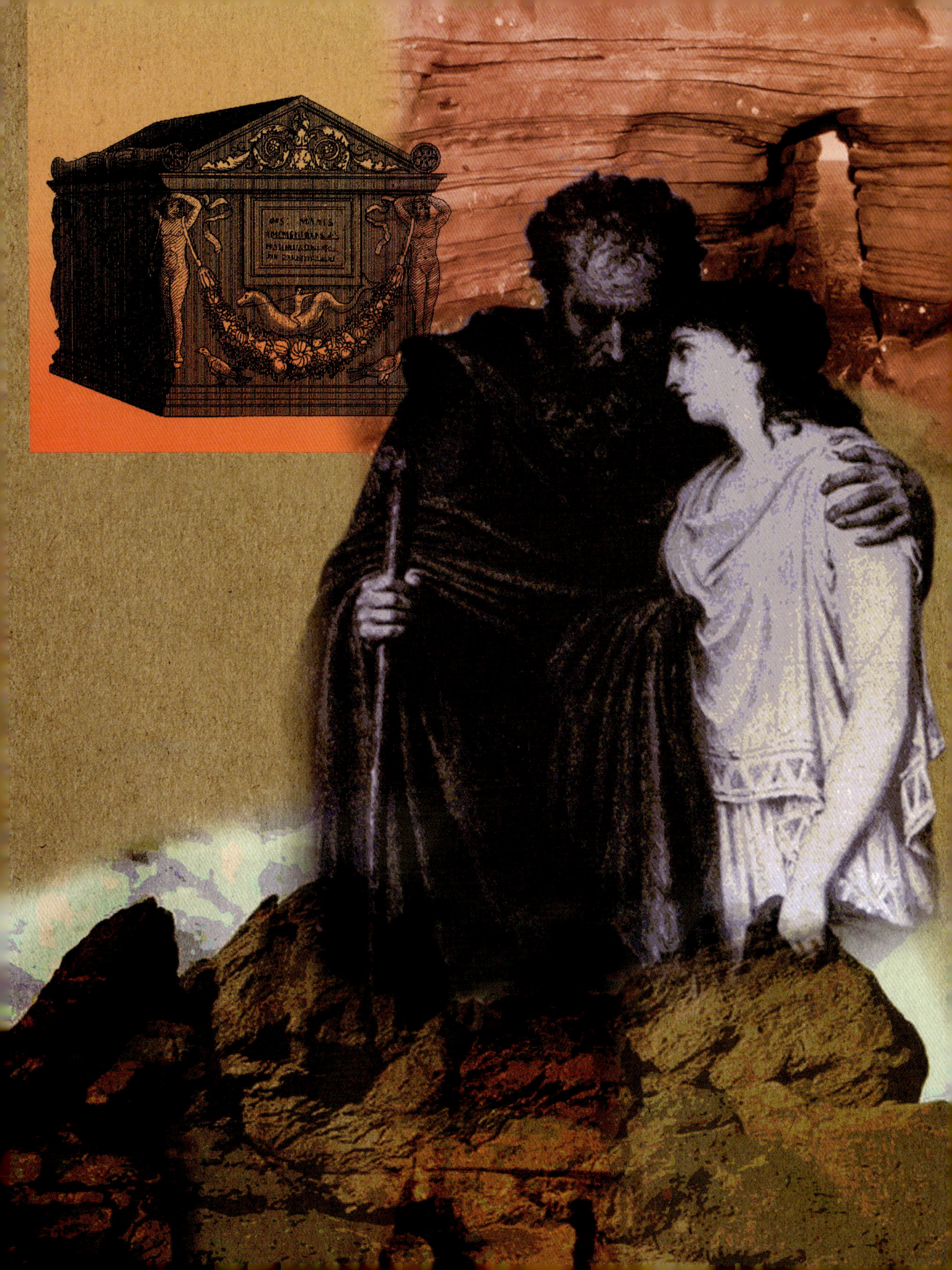

ORFEU E EURÍDICE

Orfeu foi o maior dos cantores

e compositores. Quando cantava acompanhado de sua lira, não só as pessoas mas também os pássaros e animais, árvores, rios e pedras se reuniam para ouvi-lo. Sua amada, Eurídice, morreu de uma picada de cobra no dia do casamento. Orfeu desceu ao mundo subterrâneo e tocou para Hades e Perséfone, pedindo para tê-la de volta. Os deuses da morte, em geral implacáveis, ficaram comovidos e permitiram que Eurídice saísse do Hades, mas com uma condição: Orfeu deveria ir na frente, sem olhar para trás para ver se ela o seguia. Aqueles que contam a história nunca chegaram a um acordo sobre por que Orfeu, quando já havia quase alcançado a luz do dia, se virou e, assim, viu Eurídice esvair-se pela segunda e última vez. Existe uma versão alternativa, segundo a qual o que foi oferecido a Orfeu não foi Eurídice, mas uma ilusão. O poeta, de coração partido, retirou-se para junto da natureza a fim de cantar sua dor. No fim, foi morto pelas Mênades, seguidoras enlouquecidas de Dionísio, que o despedaçaram e atiraram sua cabeça, ainda cantando, ao rio Hebro.

ORIGEM
A história de amor mais trágica da mitologia grega é a do grande músico Orfeu e Eurídice, que ele perdeu duas vezes.

REPRESENTAÇÃO
Os gregos acreditavam que Orfeu havia sido de fato um poeta antigo e um mestre religioso. O Orfismo surgiu em torno de seu nome e tinha como fundamento a reencarnação e a purificação da alma por meio de práticas ascéticas. Alguns estudiosos modernos acreditam que o Orfeu original pode ter sido um xamã, um mago tribal que alegava ter a capacidade de ir e voltar do mundo dos mortos.

TEMA RELACIONADO
A *katabasis*, ou descida ao mundo subterrâneo, é um motivo mítico comum. Na mitologia finlandesa, a mãe do herói Lemminkäinen consegue trazer seu filho de volta do mundo dos mortos.

DADOS BIOGRÁFICOS
DIONÍSIO/BACO
Deus do vinho e da loucura
p. 56

HADES
Deus do mundo subterrâneo e também esse próprio mundo
p. 82

CITAÇÃO
Geoffrey Miles

O fracasso de Orfeu e Eurídice em desfrutar seu amor até se unirem na morte é o ápice da história de amor trágica.

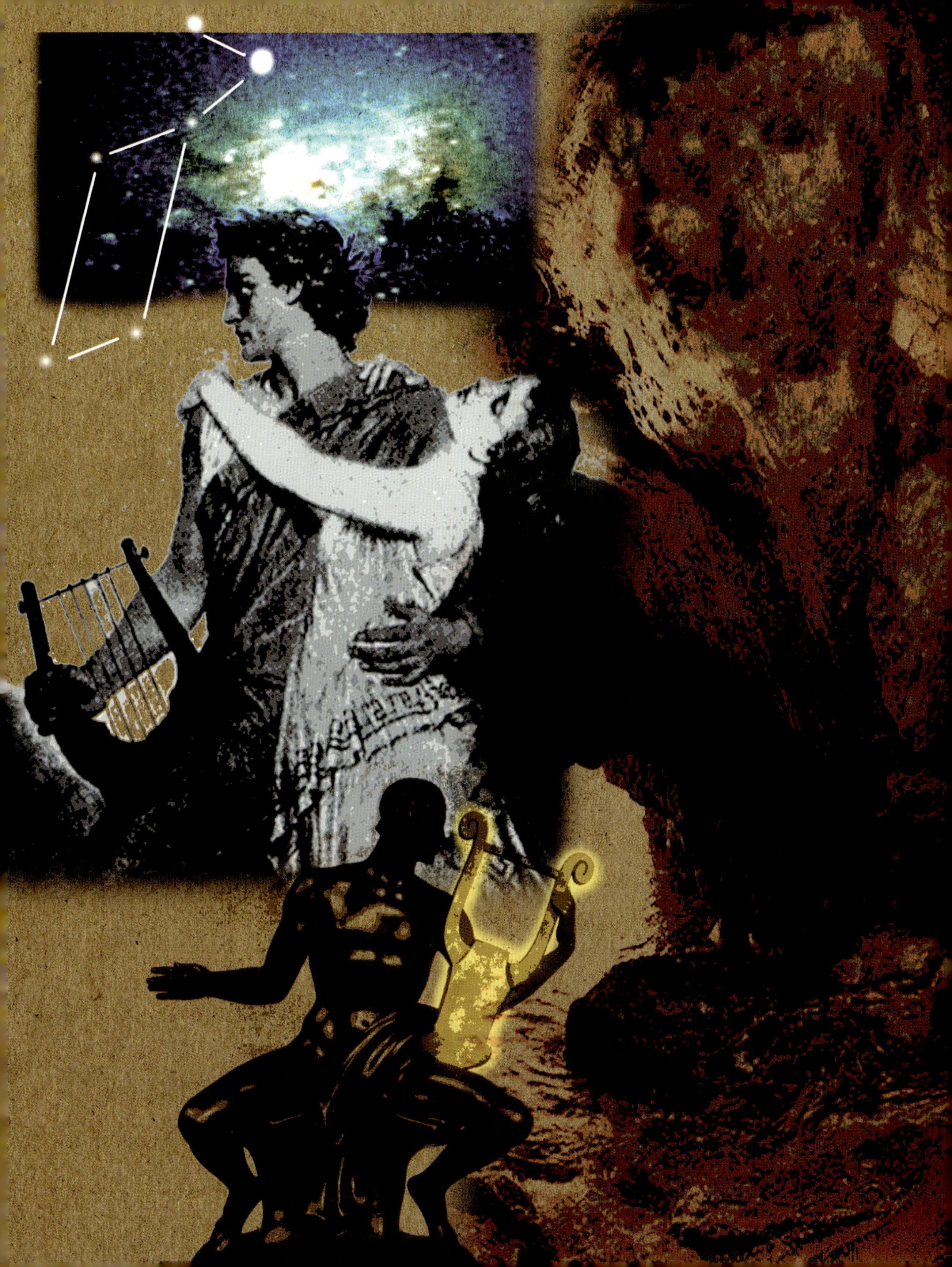

JASÃO E MEDEIA

Jasão era o herdeiro do trono,

mas recebeu ordens de seu tio Pélias de capturar o Tosão de Ouro, que era o velocino de um carneiro alado da Cólquida, atual Geórgia. Na *Argonautica*, principal fonte do mito, Apolônio de Rodes conta como, com o auxílio de um grupo de heróis chamados Argonautas, Jasão chegou à Cólquida, onde recebeu tarefas impossíveis do rei Eetes. Porém, a princesa Medeia se apaixonou por Jasão e, quando ele prometeu que se casariam, ela usou sua magia para ajudá-lo a conseguir o Tosão de Ouro. Mais tarde, quando os dois retornavam para a Grécia, Medeia matou o Gigante Talos, que impedia o navio de prosseguir. Quando se mudou para Corinto, no entanto, Jasão trocou Medeia pela filha do rei, e, na versão tornada famosa por Eurípides, Medeia vingou-se matando os dois filhos que teve com Jasão. A história de Jasão desvanece nesse ponto, com a profecia de que ele seria morto por uma tábua de seu velho navio, o *Argos*. Medeia saiu de Corinto e foi recebida em Atenas pelo rei Egeu. Ela fugiu de Atenas depois de ter tentado assassinar o enteado de Egeu, Teseu, e viajou para o leste, onde seu filho, Medo, fundou a raça dos medos. Após sua morte, Medeia foi transportada para os Campos Elísios e se casou com Aquiles.

ORIGEM
Os poderes mágicos de Medeia ajudaram Jasão a encontrar o Tosão de Ouro. Medeia e Jasão se casaram e tiveram dois filhos, mas Jasão mais tarde a abandonou, e como vingança Medeia matou sua prole.

REPRESENTAÇÃO
A feitiçaria era associada tradicionalmente a lugares distantes, onde as regras da civilização não mais se aplicavam. Medeia era sobrinha da feiticeira Circe, que enganou Odisseu na *Odisseia* de Homero. Em algumas versões, Jasão e Medeia visitam Circe para serem purificados depois de terem matado o irmão de Medeia, Absirto, ao fugirem da Cólquida. O nome de Medeia significa "a maquinadora", e o de Jasão, "curador". A medicina e a magia tinham um vínculo muito estreito no mundo antigo.

TEMA RELACIONADO
Como Medeia, Clitemnestra vingou-se do marido em parte porque ele, Agamenon, voltou de Troia com uma amante, Cassandra, mas também porque ele, como Medeia, sacrificara a filha de ambos, Ifigênia.

DADOS BIOGRÁFICOS
APOLO
Deus Olímpico do Sol, da música e da poesia
p. 42

AQUILES
Maior herói da Guerra de Troia, filho da ninfa Tétis
p. 98

TESEU
Heroico fundador de Atenas, filho ilegítimo do rei Egeu
p. 106

CITAÇÃO
Emma Griffiths

Medeia, mulher rejeitada, vinga-se do marido Jasão matando os dois filhos deles.

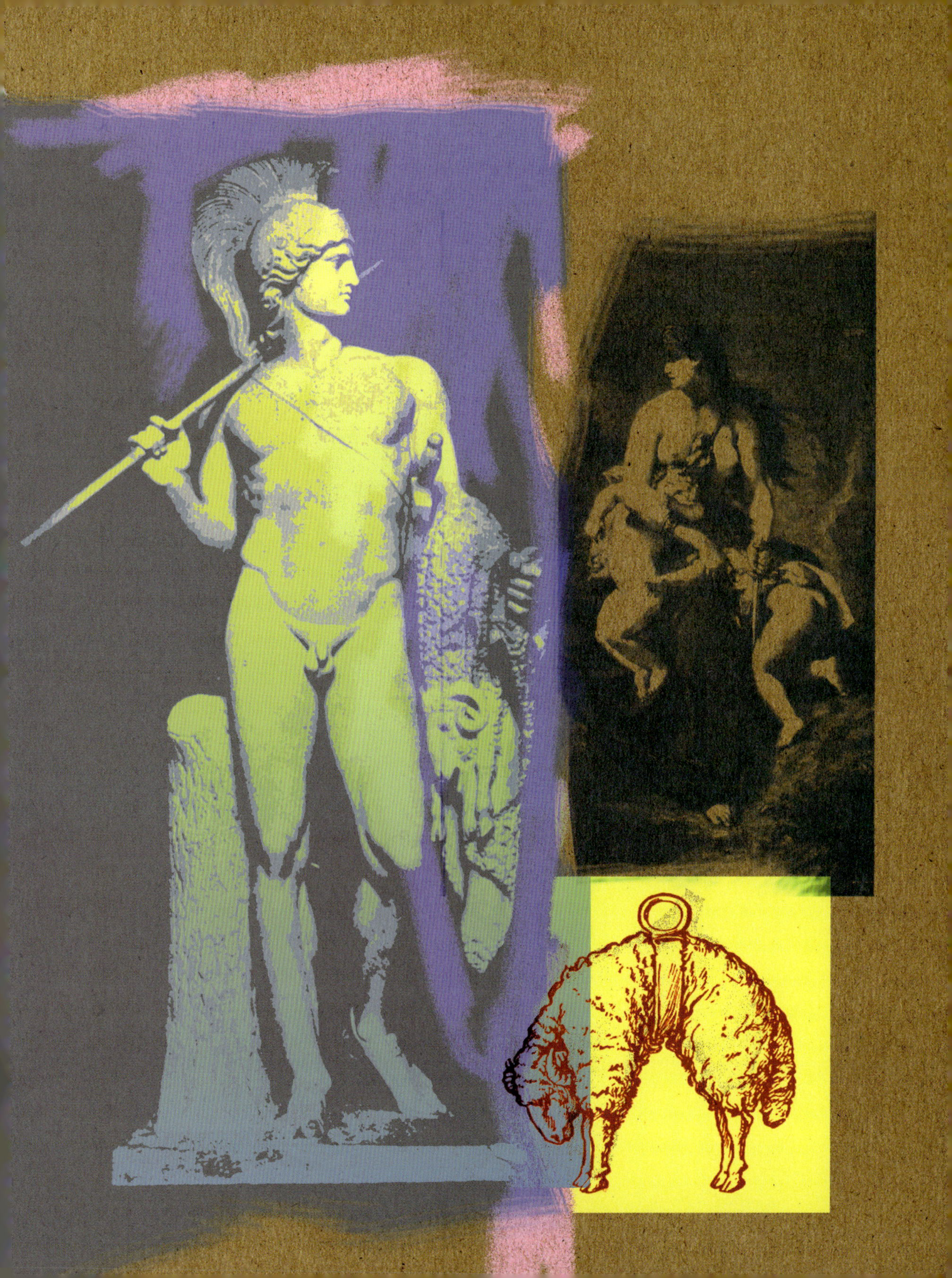

ÁJAX

Ájax foi superado apenas por

Aquiles como maior combatente grego em Troia. Era filho de Telamon e costuma ser citado como Ájax Telamoniano ou "Ájax, o Grande", para diferenciá-lo de outro lutador grego Ájax, filho de Oileu, o "Ájax, o Menor". Com frequência retratado segurando um escudo gigante feito com couro de sete vacas e uma camada de bronze, Ájax foi escolhido por sorteio para enfrentar Heitor em um duelo que durou um dia inteiro. No final, os arautos decretaram empate. Quando Aquiles morreu, Ájax e Odisseu foram juntos resgatar seu corpo. Numa competição de retórica para ver quem merecia a armadura de Aquiles, que havia sido feita por Hefesto, Odisseu superou facilmente Ájax e levou o prêmio. Atena, a deusa protetora de Odisseu, fez então com que Ájax enlouquecesse e matasse um rebanho de carneiros que ele imaginou serem os líderes e juízes gregos. Quando recuperou a sanidade e se viu coberto pelo sangue dos carneiros, sentiu-se humilhado e foi embora, caminhando junto às ruidosas ondas do mar até cair sobre a própria espada. Quando Odisseu viu sua alma no Hades, Ájax recusou-se a encetar conversa. Virou as costas em silêncio e se afastou.

ORIGEM
Grande guerreiro na Guerra de Troia, Ájax, por não conseguir ficar com a armadura do falecido Aquiles, matou-se caindo sobre a própria espada.

REPRESENTAÇÃO
Na mitologia de Ájax, há não só o contraste entre o poderoso mas em última instância falível Ájax e o menor porém astuto Odisseu, como o contraste entre Ájax e Aquiles. Enquanto Aquiles era em parte divino e protegido pelos deuses, Ájax, embora descendente de Zeus, era meramente humano e não contava com os deuses a seu lado.

TEMA RELACIONADO
O relato de um homem grande e forte mas malfadado também aparece nas histórias bíblicas de Golias, morto pelo menino Davi, e de Sansão, traído por Dalila.

DADOS BIOGRÁFICOS
HOMERO
Autor da *Ilíada* e da *Odisseia*
p. 44

AQUILES
O maior guerreiro de Troia
p. 98

ODISSEU/ULISSES
Herói grego renomado por sua inteligência
p. 102

CITAÇÃO
Barry B. Powell

A grande força física de Ájax contrasta com sua ocasional fragilidade mental. Ele acabou por se suicidar.

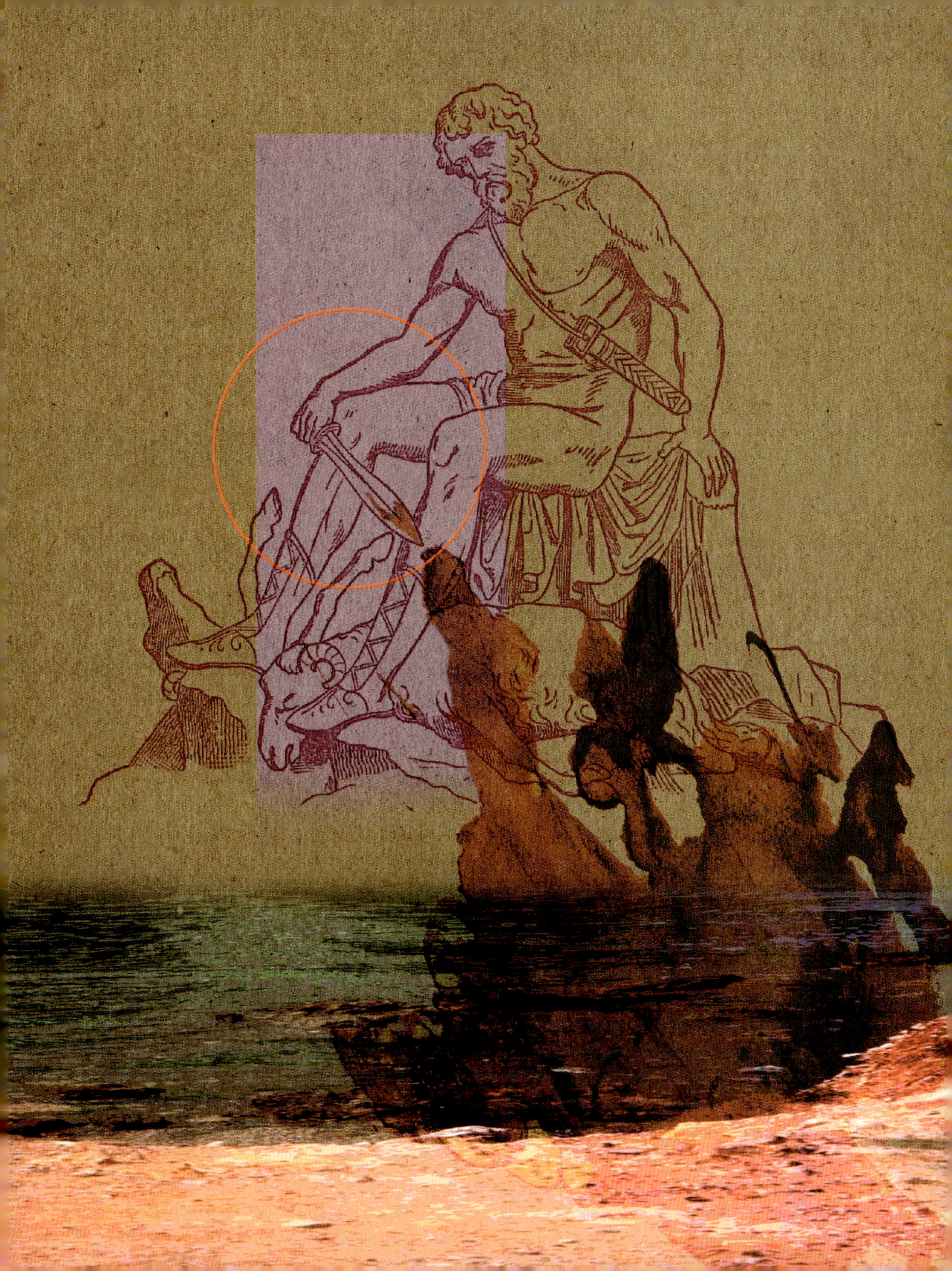

DIDO

Dido (talvez "virgem", em fenício) foi a lendária fundadora e primeira rainha de Cartago, na atual Tunísia. Segundo a arqueologia, a cidade surgiu por volta de 825 a.C., e Dido pode ter sido uma figura histórica real. Quando seu irmão Pigmalião matou seu marido, Siqueu, Dido fugiu de Tiro, no litoral leste do Mediterrâneo, e navegou até a costa do Norte da África. Lá fundou Cartago. Segundo a *Eneida*, de Virgílio, o herói troiano Eneias aportou na África depois de fugir da Troia incendiada. A mãe de Eneias, Vênus (Afrodite), fez com que Dido se apaixonasse pelo estrangeiro, e eles tiveram uma relação passional. Depois, Júpiter (Zeus) enviou Mercúrio (Hermes) para ordenar a Eneias que seguisse adiante com sua missão de fundar a raça romana. Enquanto Eneias partia com seus navios, Dido montou uma pira e incinerou-se. Suas últimas palavras foram uma maldição contra os troianos e seus descendentes, os romanos. Do navio em que partia, Eneias viu a distância o brilho da pira de Dido em chamas. Nos séculos II e III a.C., as Guerras Púnicas entre romanos e cartagineses foram os conflitos mais sangrentos do mundo antigo.

ORIGEM
Eneias abandonou Dido, a bela rainha de Cartago, para cumprir seu destino de fundar a raça romana. Ela então se suicidou depois de amaldiçoar os descendentes dele.

REPRESENTAÇÃO
Eneias voltou a ver Dido quando foi visitar o pai no mundo subterrâneo. Procurou-a e se desculpou, mas Dido voltou-lhe as costas e foi se juntar ao espírito de seu marido, Siqueu. A história romântica de Dido e Eneias foi muito popular durante o Renascimento. A primeira peça de Christopher Marlowe, *Dido, rainha de Cartago* (1594), tratou do tema e inspirou várias óperas, como as de Francesco Cavalli (1641), Henry Purcell (1689), Niccolò Piccinni (1770) e Hector Berlioz (1860).

TEMA RELACIONADO
Casos de amor trágicos são comuns na mitologia grega, como as histórias de Jasão e Medeia e de Helena e Páris, nas quais a relação de Eneias e Dido se baseia em parte. Odisseu também foi detido por duas semideusas que se apaixonaram por ele: a feiticeira Circe, com quem ficou um ano, e a ninfa Calipso, que o manteve por sete anos como amante em sua ilha.

DADOS BIOGRÁFICOS
TROIA
Cidade no Helesponto, local da Guerra de Troia
p. 88

ENEIAS
Príncipe troiano, ancestral dos romanos
p. 104

VIRGÍLIO
Poeta romano, autor da *Eneida*
p. 128

CITAÇÃO
Barry B. Powell

Dido foi infeliz no amor. Teve o marido morto pelo irmão, e Eneias, seu amante, a abandonou.

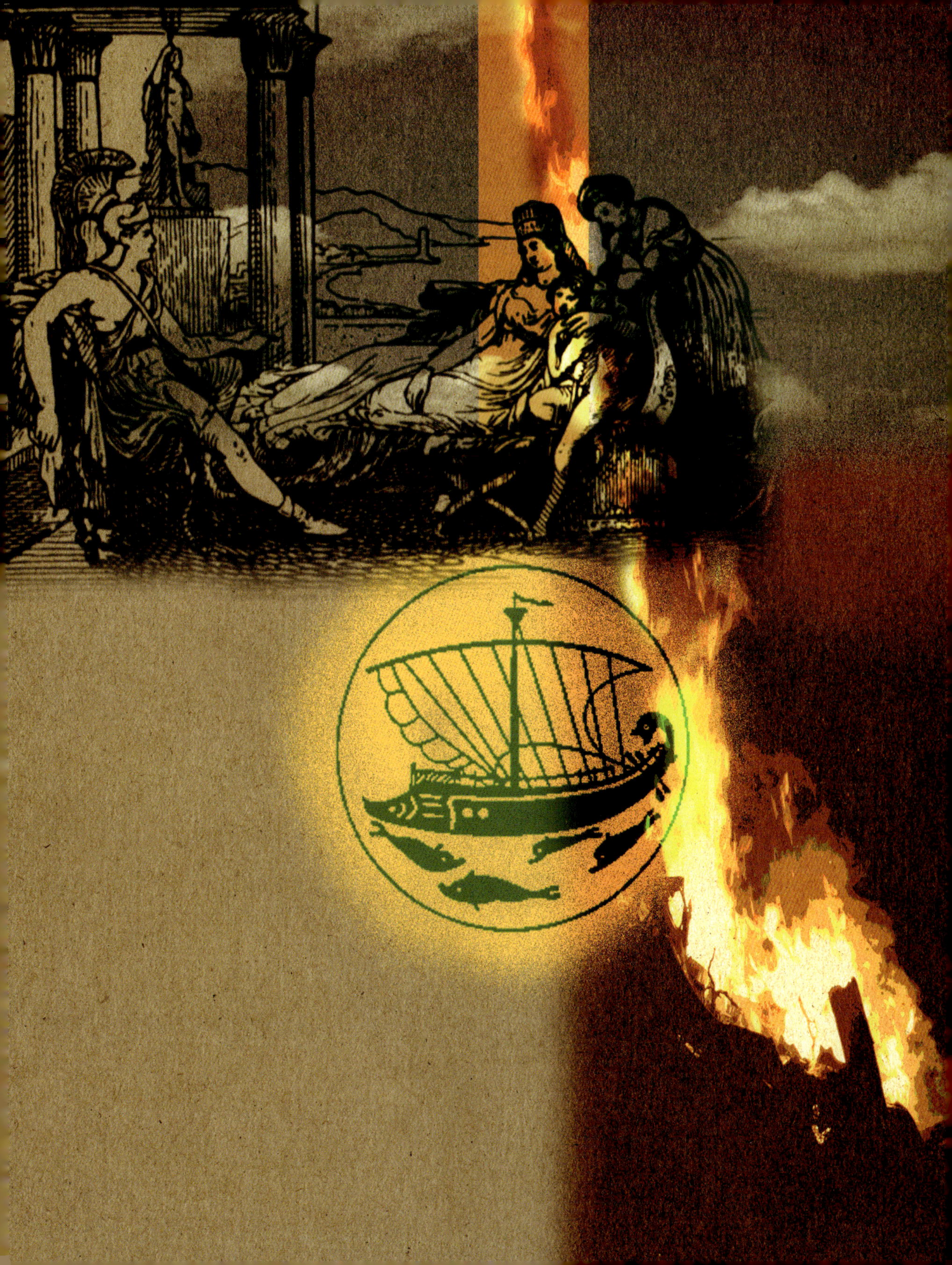

15 de outubro de 70 a.C.
Nasce em Andes, perto de Mântua

42 a.C.
Escreve as *Éclogas*

39-38 a.C.
Publica as *Éclogas*

37-29 a.C.
Compõe as *Geórgicas*

29-19 a.C.
Compõe a *Eneida*

19 a.C.
A *Eneida* é concluída por Lucius Varius Rufus e Plotius Tocca (seus testamenteiros literários) por ordem do imperador Augusto, e publicada postumamente, apesar do desejo do poeta de que fosse incinerada.

21 de setembro de 19 a.C.
Morre em Brundisium (atual Brindisi)

1664-70
Publicada a primeira edição da *Eneida* em português, por João Franco Barreto

1854
Tradução da *Eneida* por Manuel Odorico Mendes

1981
A *Eneida* é traduzida por Carlos Alberto Nunes, em hexâmetros

VIRGÍLIO

Virgílio (Publius Vergilius Maro) foi um dos maiores poetas da Roma antiga, mestre da poesia pastoril e da épica, e teve grande influência na literatura moderna do Ocidente. Dante fez dele seu guia e mentor pelo *Inferno* e boa parte do *Purgatório*. Virgílio também cunhou frases icônicas, como *omnia vincit amor* ("o amor conquista tudo").

Depois de recusar seguir carreira no Direito, Virgílio, assim como Ovídio, voltou-se para a poesia, na qual foi muito bem-sucedido, apesar da saúde precária. É mais conhecido pela poesia pastoril das *Éclogas* e *Geórgicas* e pela épica da *Eneida*. As *Éclogas* e as *Geórgicas* são ambas ostensivamente preocupadas com aspectos da vida no campo, mas repletas de alusões simbólicas à política de Roma na época. Foi Virgílio que concebeu a ideia da Arcádia, o paraíso pastoril idílico, dourado, idealizado no movimento romântico europeu, mas que também incluía a Morte. A posição de Virgílio como guardião das portas entre o velho e o novo é sustentada pelo Livro 4 das *Éclogas*, que os cristãos interpretaram como prefigurando o nascimento de Cristo, e pelo Livro 6, que trata do mito de Orfeu, deus pagão da morte e do renascimento.

A maior e mais influente obra de Virgílio é a *Eneida*. Encomendada pelo imperador Augusto, foi não só o elo literário entre as tradições da Grécia e da Roma antigas como também a expressão da identidade romana — parte história, parte mito. Extraindo inspiração da *Ilíada* e da *Odisseia* de Homero, conta a história de Eneias, príncipe de Troia, filho de Anquises e da deusa Afrodite. Quando os troianos perdem a guerra, Eneias foge com o pai e um bando de seguidores, alentado pela profecia que dizia ser ele o fundador de uma nova e poderosa raça. Depois de parar em Cartago — onde vive um amor com Dido para depois abandoná-la, dando início às Guerras Púnicas — e também na Sicília, finalmente se estabelece no Lácio. Após sua morte, Eneias foi endeusado. Rômulo e Remo, descendentes do herói, mais tarde fundaram Roma. Os imperadores Juliano e Augusto remontavam sua ancestralidade a Eneias; com isso conseguiam criar um vínculo com os deuses do Olimpo e também dar a Roma uma ascendência divina.

FAETONTE

Ao lado de Ícaro, Faetonte

("aquele que brilha") foi o imprudente original e, como tal, encontrou um fim trágico. Segundo uma das versões, sua mãe, Clímene, revelou que ele era filho de Hélios, o deus-sol, mas Faetonte não acreditou; então, Hélios prometeu dar-lhe algo para provar ser seu pai. Segundo outra versão, os amigos de Faetonte duvidaram que ele fosse filho de um deus e então Faetonte partiu em busca de provas. Quando seu pai ofereceu satisfazer-lhe qualquer desejo, Faetonte pediu as rédeas da carruagem que Hélios conduzia todos os dias pelo céu, puxada por cavalos alados. Embora tentasse dissuadir o filho desse pedido suicida, Hélios não tinha como voltar atrás e só pôde lhe dar conselhos vãos. Os cavalos mostraram-se incontroláveis. Conforme Faetonte adernava pelo céu, a carruagem chegou perto demais da Terra e queimou partes da África. Zeus, com medo de que a Terra inteira fosse destruída, atingiu Faetonte com um raio, e o corpo dele caiu no rio Erídano. Como Ícaro, que voou perto demais do Sol, Faetonte serve como advertência contra a imprudência da juventude. A neta de Hélios, Medeia, mais tarde conduziu a carruagem com maior sucesso ao usá-la para fugir de Corinto após ter assassinado seus dois filhos.

ORIGEM
Faetonte, filho do deus-sol, morreu ao tentar emular o pai, dirigindo a carruagem dele pelo céu.

REPRESENTAÇÃO
A advertência de "tomar cuidado com aquilo que você deseja" também está presente na história de Sêmele, uma das amantes de Zeus. Hera, a vingativa esposa do rei do Olimpo, convenceu Sêmele a pedir a ele que lhe mostrasse como havia aparecido a Hera pela primeira vez. Zeus se comprometera a atender a todos os pedidos de Sêmele e, embora tentasse dissuadi-la da ideia, não teve outra escolha senão concordar. Como mortal, Sêmele foi incinerada quando Zeus se revelou como pura luz.

TEMA RELACIONADO
Ser incapaz de voltar atrás de uma bênção ou promessa faz lembrar a história bíblica de Isaac, que, enganado, concedeu a bênção destinada ao primogênito, Esaú, ao filho mais novo, Jacó.

DADOS BIOGRÁFICOS
ZEUS/JÚPITER
Rei do Olimpo, deus dos céus
p. 32

ÍCARO
Filho de Dédalo, que voou perto demais do Sol
p. 132

CITAÇÃO
Emma Griffiths

A juventude fogosa de Faetonte explica sua tragédia, que trata do ideal grego de moderação.

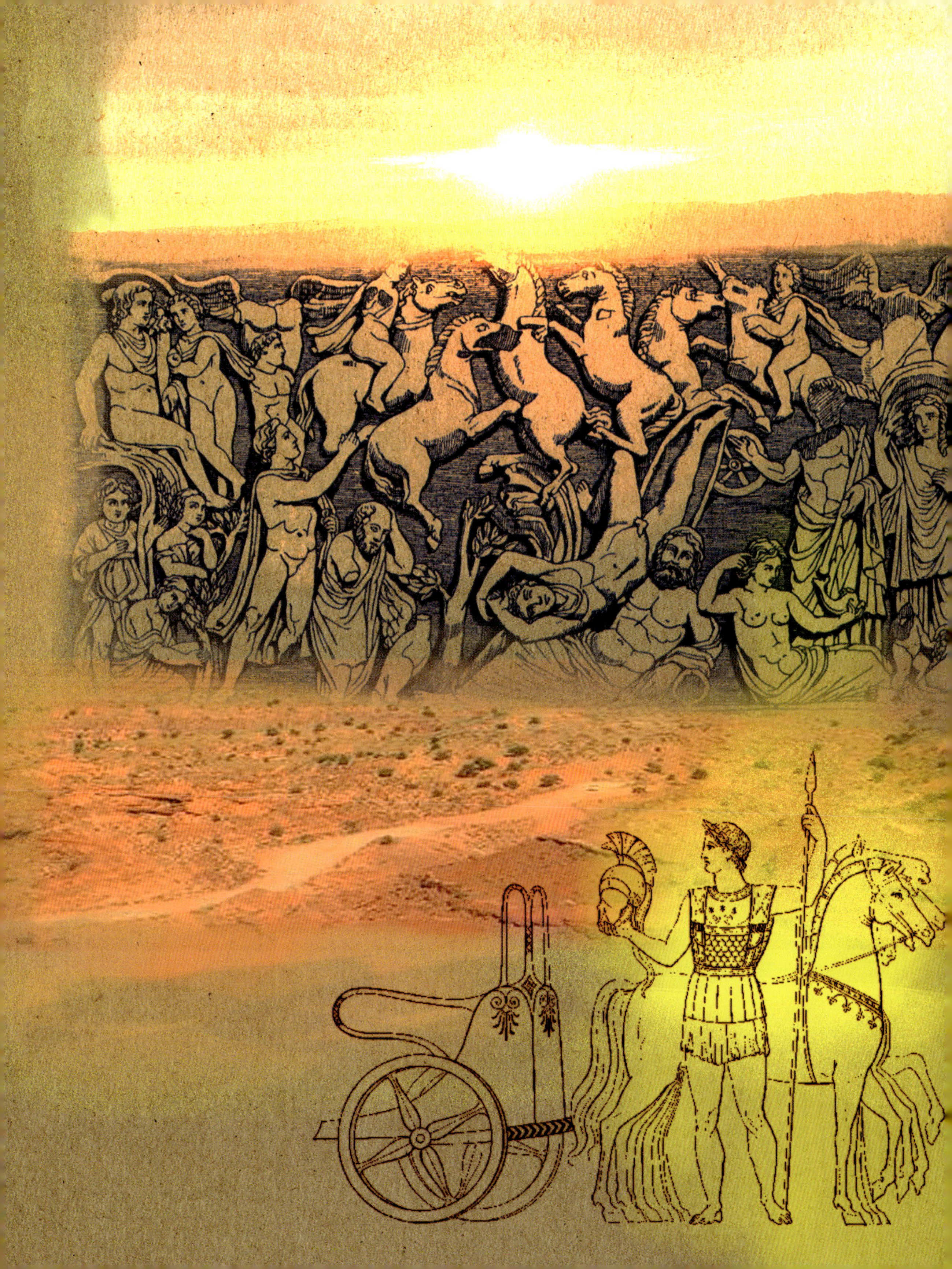

ÍCARO

Minos, rei de Creta, aprisionara

o brilhante inventor Dédalo dentro do labirinto que ele mesmo construíra a pedido do rei. Ponderando a respeito de suas opções, Dédalo excluiu escapar por terra ou por mar, pois Creta era uma ilha e Minos controlava bem os mares. No entanto, havia sempre uma terceira opção: o ar. Dédalo recolheu penas e distribuiu-as em forma de asas, colando-as com cordas e cera. Fez um par para ele e outro para o filho, Ícaro. Na hora da fuga, Dédalo advertiu o filho para não voar baixo demais, pois a umidade poderia tornar as asas pesadas, nem muito alto, pois nesse caso o Sol derreteria a cera. Os dois então levantaram voo, o filho seguindo o pai. Ao vê-los, as pessoas se impressionaram e acharam que se tratava de deuses. Ícaro, porém, ficou tão encantado com a experiência que passou a voar cada vez mais alto, até que o Sol derreteu suas asas, e ele despencou para a morte nas águas abaixo. O mar em que se afogou ficou conhecido como mar de Ícaro, e a ilha próxima, onde o pesaroso pai o enterrou, foi rebatizada Icária.

ORIGEM
Ícaro era um jovem grego cujas asas artificiais, unidas com cera, se desintegraram quando ele voou perto demais do Sol.

REPRESENTAÇÃO
O mar de Ícaro provavelmente foi assim batizado devido à ilha vizinha de Icária, mas resta saber qual a origem do nome "Icária". Segundo a lenda de Ícaro, o mar e a ilha receberam tais designações porque Ícaro se afogou em um e foi enterrado na outra. Motivos etiológicos como esses às vezes surgem na conclusão de narrativas tradicionais e geralmente associam um aspecto do mundo a um evento específico do passado.

TEMA RELACIONADO
Na mitologia, humanos que realizam o sonho de voar em geral não usam asas que eles mesmos fabricam, mas pegam carona em uma ave grande. O exemplo mais antigo é o de Etana (Mesopotâmia).

DADOS BIOGRÁFICOS
FAETONTE
Jovem que conduziu o carro do Sol
p. 130

CITAÇÃO
William Hansen

Ícaro descobre, à custa da própria vida, que o orgulho pode levar a uma queda fatal.

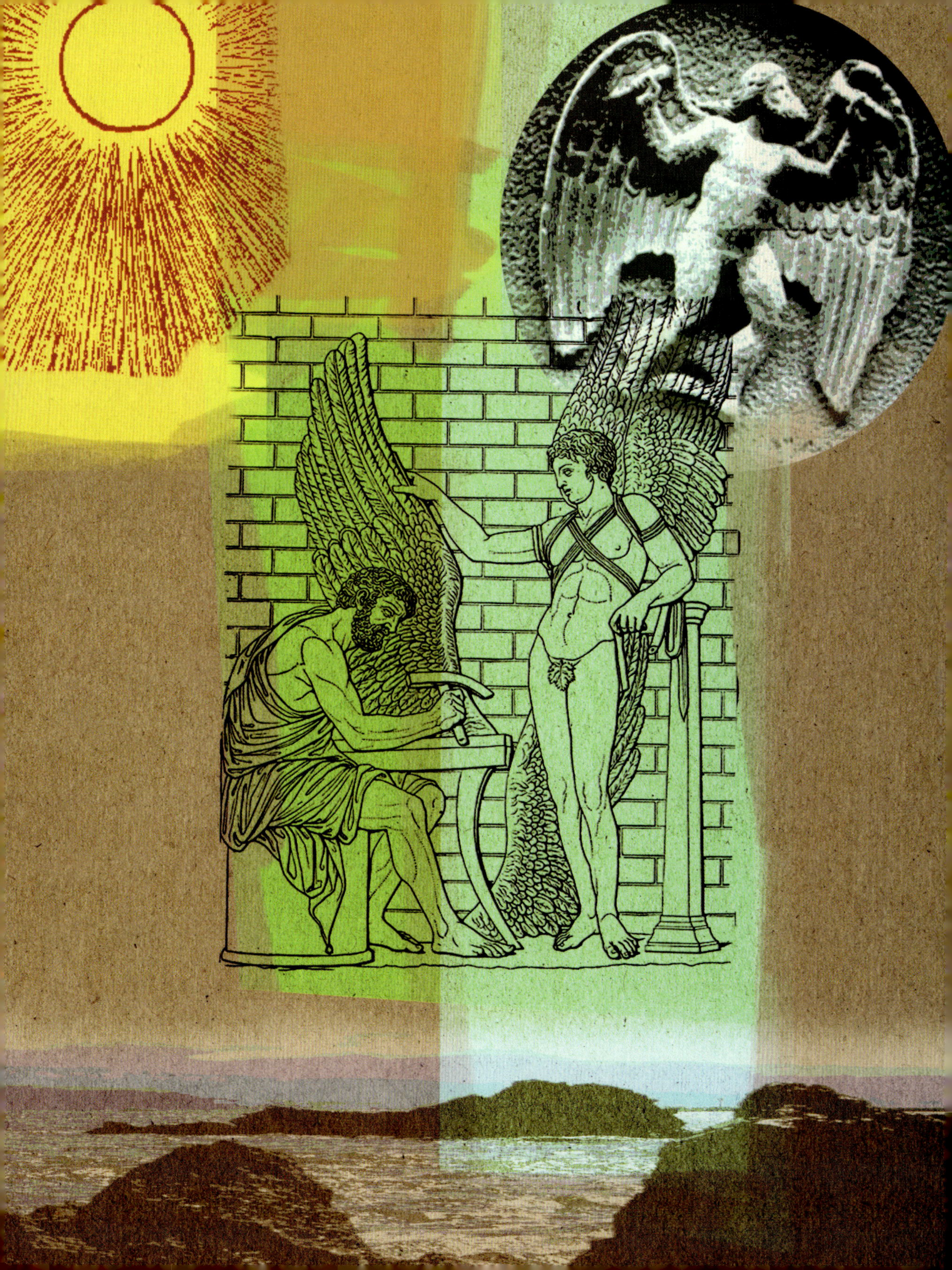

ACTEÃO

Acteão pertencia a uma famosa

dinastia. Sua mãe, Autônoe, era filha do herói tebano Cadmo, e seu pai era Aristeu, um dos filhos do deus Apolo. Acteão foi educado pelo centauro Quíron e se tornou um exímio caçador, às vezes tido como companheiro da deusa Ártemis. Na versão principal do mito, conforme relatado por Calímaco e Ovídio, Acteão ofendeu a deusa ao inadvertidamente vê-la nua no bosque. Outras versões afirmam que ele se gabou de ser melhor caçador do que Ártemis ou de ser um dos pretendentes da princesa Sêmele, que Zeus amava. Seja qual tenha sido a ofensa, a punição foi a mesma: Ártemis o transformou em um cervo e instigou os cães dele a despedaçarem-no no monte Citéron. Na mesma montanha, Penteu foi feito em pedaços por ter insultado o deus Dionísio, e Édipo foi abandonado ainda bebê. Em alguns relatos do mito, os cães ficaram tão abalados ao perceberem o engano que Quíron encomendou uma estátua de Acteão para consolá-los.

ORIGEM
Mitológico caçador grego que, por ter ofendido Ártemis, foi transformado por ela em cervo e despedaçado pelos próprios cães de caça.

REPRESENTAÇÃO
A metamorfose de humano em animal é um motivo mitológico comum. Calisto foi transformada em urso depois de ter quebrado uma promessa a Ártemis e caçada até a morte. Embora muitas das transformações fossem punições, podiam também ser atos de salvação, como quando Procne e Filomela foram tornadas pássaros ao fugirem de Tereu ou quando Zeus metamorfoseou a princesa Io em vaca para escondê-la da ira ciumenta de Hera.

TEMA RELACIONADO
No mito ugarítico de Daniel e Aqhat, a deusa Anat, ofendida, matou o caçador Aqhat por ele ter recusado uma troca comercial recíproca.

DADOS BIOGRÁFICOS
ZEUS/JÚPITER
Rei do Olimpo, deus dos céus
p. 32

ÁRTEMIS/DIANA
Filha de Zeus e de Leto, deusa virgem da caça
p. 46

DIONÍSIO/BACO
Deus do vinho e do teatro, filho de Zeus
p. 56

CITAÇÃO
Emma Griffiths

Como punição por ousar vê-la nua, o caçador Acteão é transformado por Ártemis em caça.

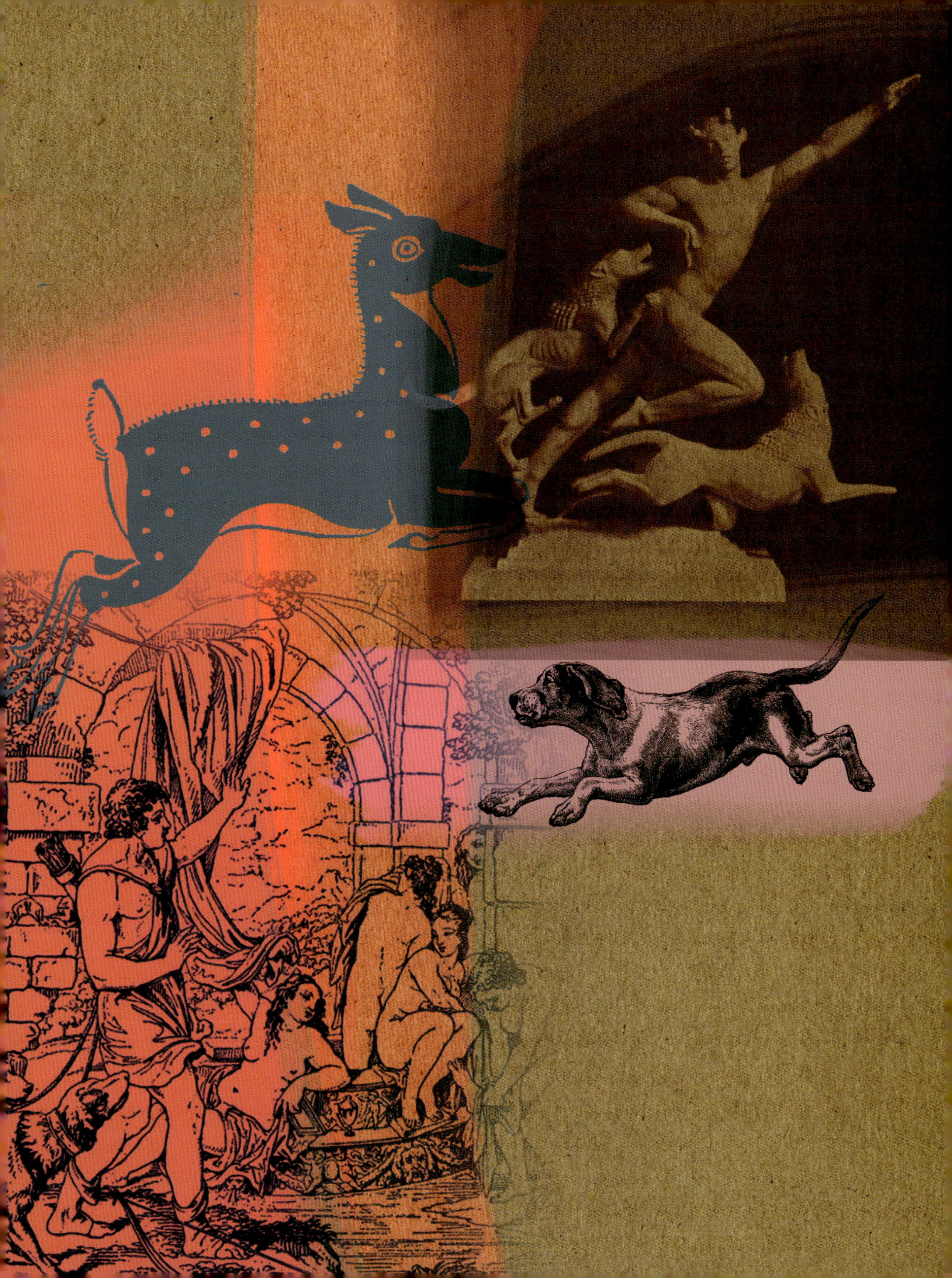

LEGADO

LEGADO
GLOSSÁRIO

complexo Em psicologia, termo cunhado por C. G. Jung para descrever um conjunto de experiências com forte conteúdo emocional causadas ou por um trauma de infância (Freud) ou por um arquétipo inato (Jung). O complexo pode se expressar de várias maneiras, geralmente simbólicas. A saúde mental exige que o complexo seja reconhecido. Com o tempo, o termo passou a ser usado exclusivamente por freudianos, como no complexo de Édipo, por exemplo.

distúrbio de personalidade Qualquer um da série de distúrbios que impedem um indivíduo de lidar de modo flexível e sensato com as diversas situações que a vida apresenta. Quem sofre de algum distúrbio de personalidade reage em determinadas situações de maneira rígida e inflexível. Entre os principais distúrbios estão paranoia, esquizofrenia, transtorno de personalidade histriônica e comportamento antissocial. Uma pessoa pode sofrer de mais de um distúrbio.

estágio edipiano Nos estágios freudianos de desenvolvimento psicossexual, o estágio edipiano ou fálico se dá entre os 3 e os 5 anos de idade e descreve a fase em que as crianças se tornam possessivas em relação ao pai do sexo oposto, ao mesmo tempo que veem o pai do mesmo sexo como rival. Freud considerava o estágio edipiano — termo usado tanto para meninas quanto para meninos — crucial para o desenvolvimento da personalidade e a principal fonte, embora de forma alguma a única, de problemas psicológicos na fase adulta.

estágio pré-edipiano Segundo a visão firmemente sustentada por Freud, o estágio crucial para o desenvolvimento psicossexual é o edipiano. Já Otto Rank, no início seu discípulo e herdeiro de suas ideias, passou a defender que o estágio-chave é, na verdade, o pré-edipiano, ou o estágio logo após o nascimento. Para Freud, a relação fundamental no estágio edipiano é aquela entre a criança e o pai do mesmo sexo. Para Rank, a relação fundamental no estágio pré--edipiano é entre a criança, seja menino ou menina, e a mãe. Enquanto para Freud a criança procura tomar o lugar do pai de mesmo sexo, para Rank a criança procura continuar unida à mãe no útero. O trauma que determina a personalidade ocorre não aos 3 anos de idade, mas no nascimento. Hoje, embora ainda considerem Rank um herege, os freudianos dão tanta importância ao estágio pré-edipiano quanto ao edipiano.

hipersexualidade Atividade sexual seja nos homens ou nas mulheres em um nível que afeta o funcionamento social normal ou causa desconforto. O termo substitui outros, tradicionais, com raízes na mitologia, como "ninfomania" e "satiríase".

neurótico Alguém afligido por neurose, que em termos psicanalíticos significa um conflito emocional inconsciente, que remonta à infância e se manifesta na idade adulta de maneiras que evidentemente nada têm a ver com a infância, mas que são na realidade expressões disfarçadas de tensões sexuais e emocionais não resolvidas. Tradicionalmente, as neuroses são tratadas por meio de análise.

ninfomania Termo que costumava ser aplicado ao que era tido como excessiva sexualidade nas mulheres. Depois passou a ser visto como sintoma de um distúrbio de personalidade mais amplo. Hoje é chamado de "hipersexualidade" ou simplesmente de "dependência do sexo".

satiríase Termo antes usado para a contraparte masculina da ninfomania, na qual a sexualidade excessiva também era vista como sintoma de um distúrbio psicológico mais amplo. Vem agora sendo substituído por "hipersexualidade" ou "dependência do sexo".

NARCISISMO

Narciso era um jovem de beleza

excepcional, que, ao rejeitar homens e mulheres, recebeu de alguém desdenhado a punição de se apaixonar pelo próprio reflexo na água. Narciso não tinha compreensão do que era um reflexo e, portanto, não percebeu que admirava apenas sua imagem no espelho, e não seu verdadeiro eu. Incapaz de compreender seu reflexo e incapaz de quebrar a atração que sentia por ele, definhou e morreu. Foi então transformado em uma flor, o narciso. O termo "narcisismo" refere-se à excessiva absorção em si mesmo com a correspondente desatenção para com os outros. O termo foi cunhado pelo médico inglês e pioneiro da sexologia Havelock Ellis para se referir à masturbação excessiva, mas foi expandido e enriquecido como estado psicológico por Sigmund Freud, com sua maior competência teórica. "Narcisismo saudável" é o termo corrente para indicar suficiente atenção a si mesmo e não só aos outros. O narcisismo como distúrbio de personalidade implica preocupação consigo à custa dos outros. Para Freud, o narcisismo como doença é a condução do narcisismo saudável a extremos.

ORIGEM
Narcisismo é o estado de quem fica excessivamente absorvido consigo. É mais extremo do que a pura vaidade, o orgulho ou a autoconfiança.

REPRESENTAÇÃO
A fonte do narcisismo continua controvertida. Uma explicação psicanalítica comum é a carência de amor durante os primeiros anos. Por não ter sido amado quando criança, o adulto narcisista pode não sentir amor pelos outros. Os narcisistas são incapazes de empatia. Com frequência afiguram-se charmosos, mas são na realidade manipuladores, astutos e enganadores. O conceito de narcisismo tem sido aplicado a culturas inteiras, como ocorreu com os Estados Unidos contemporâneos no livro de Christopher Lasch, *A cultura do narcisismo* (1979).

CITAÇÃO
Robert A. Segal

O amor-próprio de Narciso é resultado de uma maldição, mas Freud oferece uma explicação científica do fenômeno em termos gerais.

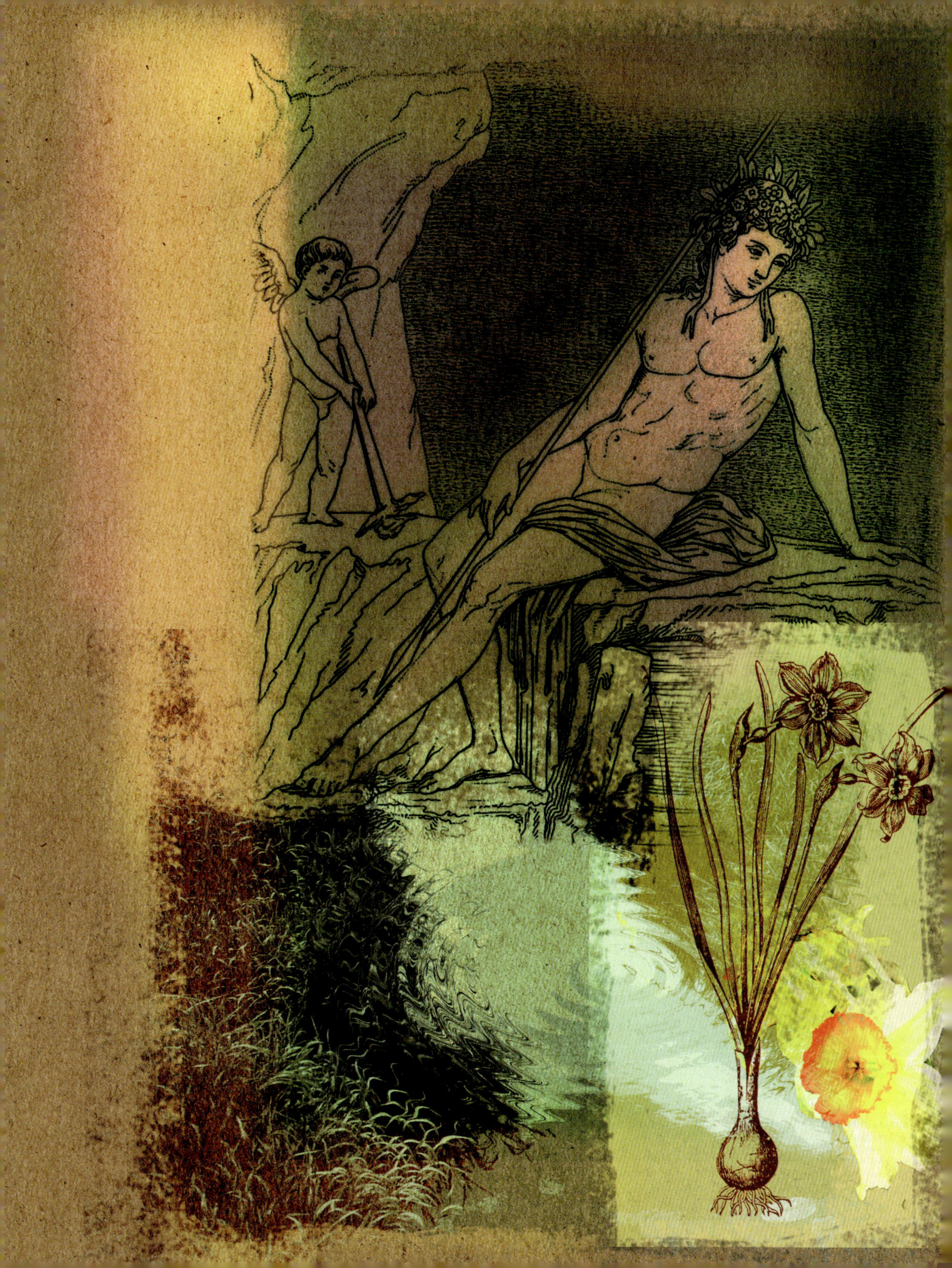

COMPLEXO DE ÉDIPO

Tema, principalmente, da peça de Sófocles *Édipo Rei*, a figura humana de Édipo é talvez a mais famosa da mitologia grega, embora essa fama se deva em parte à apropriação de sua saga por Freud. Como vítima de uma maldição lançada contra sua casa, o rei Laio de Tebas foi advertido de que, se tivesse um filho, este iria matá-lo um dia. Laio acatou a profecia e instruiu um criado a matar o filho, cuja concepção resultara de uma bebedeira e, portanto, da perda do autocontrole. Laio imaginou que ao mandar matar o filho poderia ludibriar a profecia. Édipo, no entanto, foi salvo, criado em outra parte e como adulto cumpriu a profecia, que também incluía o incesto com a mãe. Embora Édipo tenha sido aparentemente uma vítima do Destino, que ele, como o pai, tentou em vão evitar, Freud fez dele o vitimador. Para Freud, segundo sua argumentação em *A interpretação dos sonhos* (1900), Édipo, como adulto, cumpriu o impulso de infância de todos os machos: matar o pai a fim de assegurar acesso sexual à mãe. O "complexo de Édipo" é normal na infância mas neurótico quando transportado para a vida adulta, mesmo que nunca seja cumprido exteriormente.

ORIGEM
"Complexo de Édipo" é como Freud nomeou o impulso dos meninos de 3 a 5 anos de idade de matar o pai para poder ter sexo com a mãe.

REPRESENTAÇÃO
Freud corajosamente fez do complexo de Édipo o cerne de sua psicologia. Mas desde sua época o foco até mesmo da psicanálise padrão passou do estágio edipiano, que segundo Freud centrava-se no conflito entre filhos e pais, para o estágio pré-edipiano, focado nas relações, de modo algum hostis, entre filhos e mães. Ao mesmo tempo, o termo "complexo de Édipo" passou a ser aplicado também ao sexo feminino, não só aos homens. O termo "complexo de Electra" não é mais usado.

DADOS BIOGRÁFICOS
ÉDIPO
Rei de Tebas; matou o pai e se casou com a mãe
p. 116

SÓFOCLES
Dramaturgo grego, autor de *Édipo Rei*
p. 146

CITAÇÃO
Robert A. Segal

Todos os meninos têm o impulso natural de querer matar o pai para poderem dormir com a mãe... é o que diz Freud.

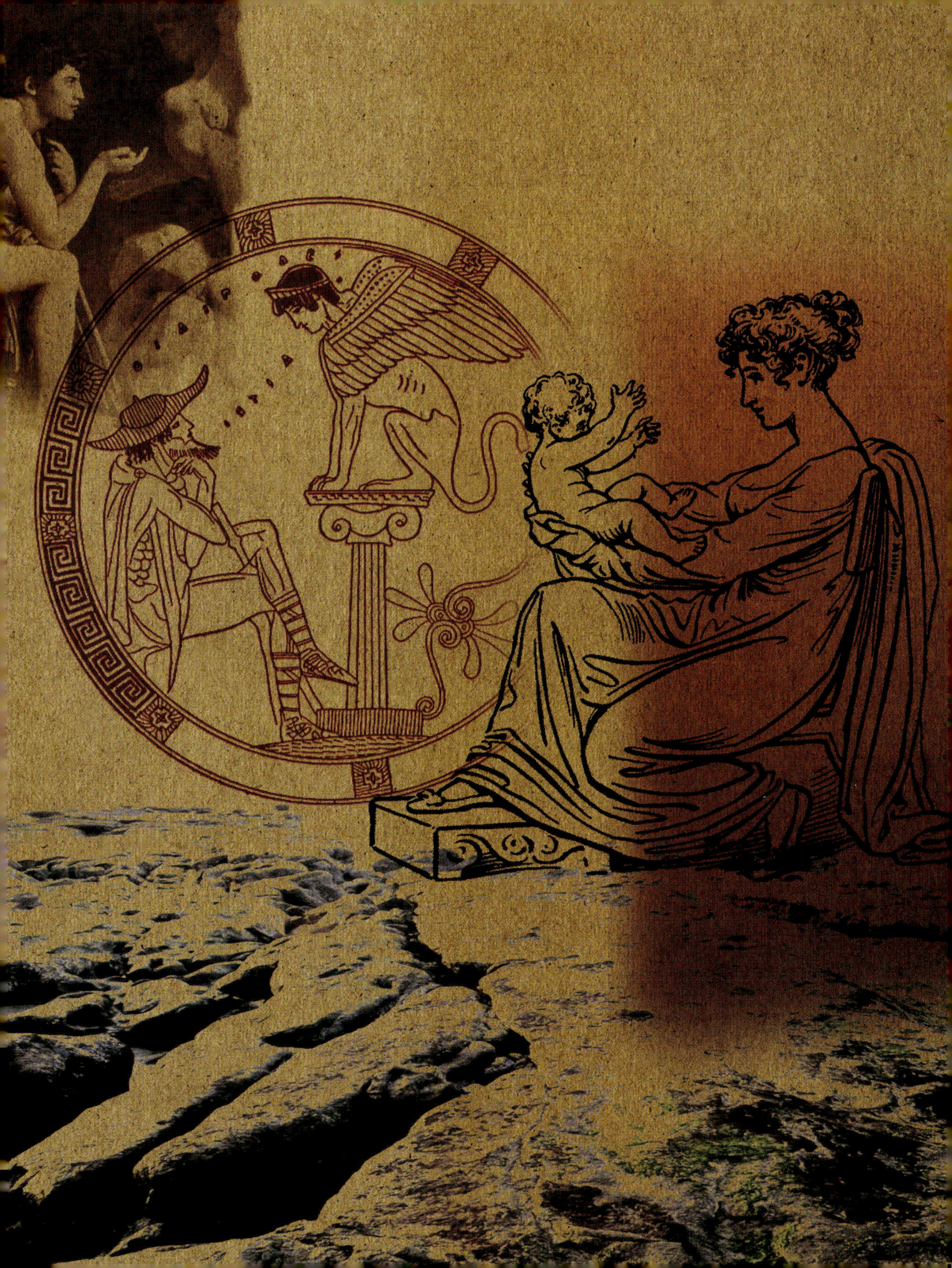

COMPLEXO DE ELECTRA

Na mitologia grega, Electra era

a filha do rei Agamenon e da rainha Clitemnestra. De seus parentes, os mais importantes para ela eram a irmã mais velha, Ifigênia, e o irmão Orestes. Agamenon era o líder do exército grego que lutou em Troia. Com Agamenon fora, Clitemnestra arrumou um amante, Egisto. Juntos, mataram Agamenon quando ele voltou em triunfo. Clitemnestra o odiava porque ele havia sacrificado Ifigênia, a fim de que os gregos obtivessem os ventos que precisavam para navegar até Troia, e por ele ter voltado para casa com uma amante, Cassandra. Apesar de tudo, Electra ficou do lado do pai e convenceu Orestes a matar a mãe. Não foi Freud, mas seu rival Carl Gustav Jung, quem cunhou o termo "complexo" e mais tarde, em 1913, o conceito específico de "complexo de Electra", pelo qual indicava o impulso universal nas garotas entre 3 e 5 anos de idade de ter sexo com o pai e matar a mãe, que seria um obstáculo a isso. Freud tomou emprestado o termo "complexo" de Jung e cunhou o termo "complexo de Édipo", do qual o complexo de Electra seria o correspondente feminino. Depois de romper com Jung, Freud abandonou o termo complexo de Electra e passou a usar "complexo de Édipo" para ambos os sexos.

ORIGEM
O "complexo de Electra" indica o estágio de desenvolvimento no qual as meninas fantasiam matar a mãe a fim de ter acesso sexual ao pai.

REPRESENTAÇÃO
O termo "complexo de Electra" não se encaixa tão bem ao fenômeno que nomeia quanto o termo "complexo de Édipo" o faz com o próprio conceito. Enquanto o personagem mitológico Édipo de fato matou o pai e se casou com a mãe, não foi Electra que matou a mãe, e o pai dela já tinha morrido na ocasião. Além disso, Édipo fez as coisas que ele conscientemente menos desejava fazer, enquanto Electra desejava conscientemente a morte da mãe.

DADOS BIOGRÁFICOS
ÉDIPO
Rei de Tebas; matou o pai e se casou com a mãe
p. 116

CITAÇÃO
Robert A. Segal

Todas as meninas têm o impulso natural de matar a mãe e dormir com o pai... é o que dizia Freud e, originalmente, Jung.

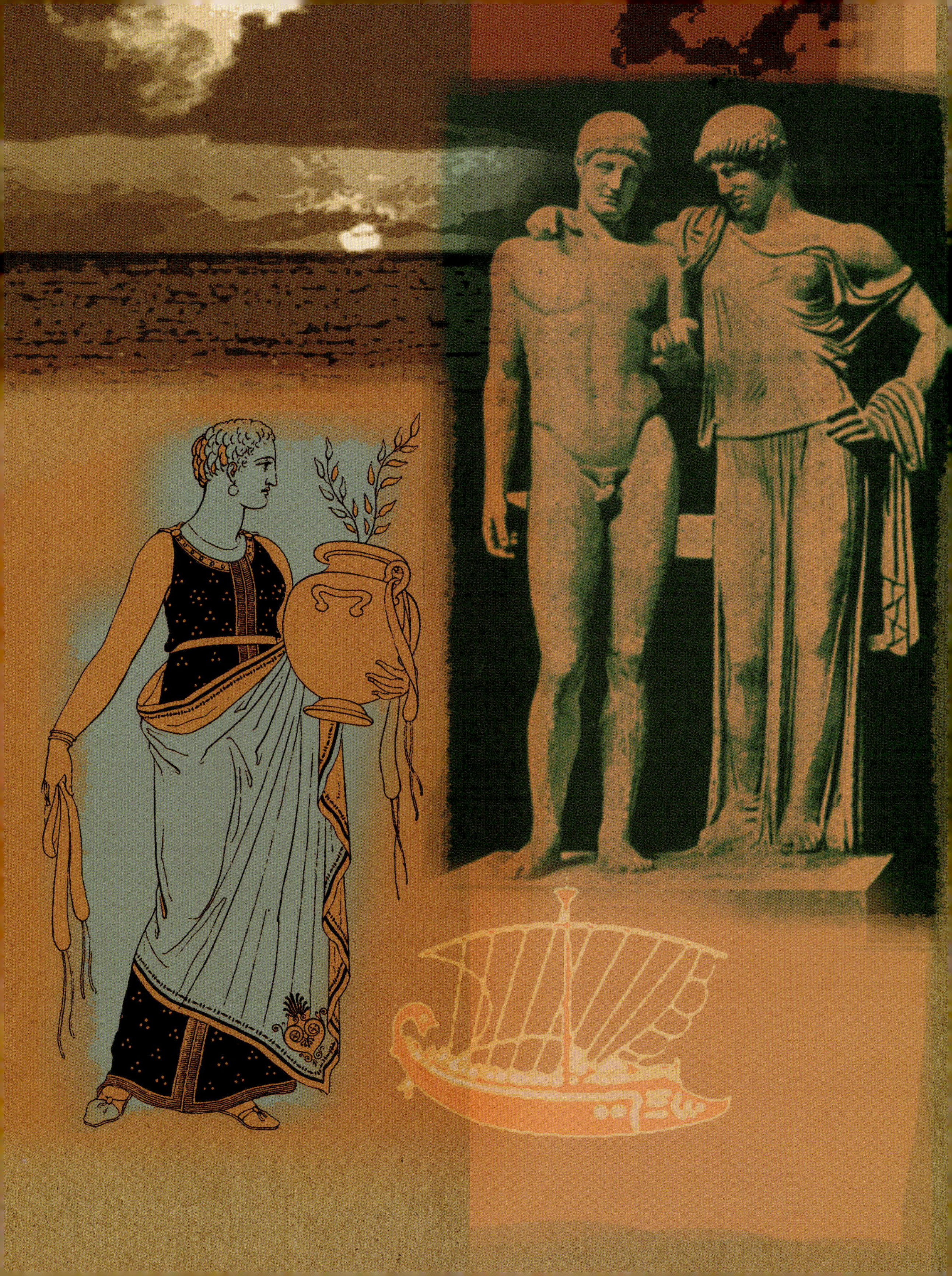

495 a.C.
Nasce em Colono, perto de Atenas, filho de um rico comerciante

468 a.C.
Vence o primeiro prêmio no festival Dionísia de Atenas, superando Ésquilo

444 a.C.
Ájax é levada ao palco

442 a.C.
Escreve *Antígona*

409 a.C.
Escreve *Filoctetes* e *Electra*

406 a.C.
Escreve *Édipo em Colono*

405 a.C.
Morre

401 a.C.
Primeira encenação de *Édipo em Colono*

1952
Antígona é traduzida por Guilherme de Almeida

2001
Édipo Rei é traduzida por Trajano Vieira

2003
Édipo em Colono é traduzida por Donaldo Schüler

SÓFOCLES

Posterior a Ésquilo, Sófocles

teve uma carreira bem-sucedida de 50 anos como dramaturgo em Atenas. Mais de 120 peças são atribuídas a ele, embora restem apenas sete, além de alguns fragmentos das demais. Ele venceu cerca de 24 prêmios no festival de teatro anual da cidade, o Dionísia, obtendo a distinção principal sob o nariz de Ésquilo com sua primeira participação aos 28 anos de idade. Para Aristóteles, *Édipo Rei* era o exemplo de uma peça trágica perfeitamente estruturada.

Como Ésquilo, Sófocles foi um inovador. Ele acrescentou um terceiro ator aos dois de Ésquilo e, com isso, ampliou o diálogo e tirou ainda mais a importância do coro. Em vez da trilogia encadeada, introduziu um esquema de três peças separadas, as três sobre o mesmo tema. Suas três peças sobre Édipo — *Édipo Rei*, *Édipo em Colono* e *Antígona* — não são, no sentido estrito, uma trilogia encadeada.

Muitos dos temas de Sófocles são os mesmos de Ésquilo. Os humanos precisam reconhecer o Destino e o poder dos deuses. Iludem-se ao imaginar que são capazes de determinar seu futuro. Ainda assim, devem aceitar a responsabilidade por suas ações. Na mais famosa das tragédias de Sófocles, e na realidade em todas as tragédias gregas, Édipo está errado em pensar que pode fugir à sua sorte, que é matar o pai e se casar com a mãe. Seu destino é decorrência de uma maldição lançada contra a casa de seus ancestrais.

A queda de Édipo, porém, não se dá por causa apenas de suas ações predestinadas, pelas quais não pode ser considerado responsável, mas por suas decisões em livre-arbítrio — depois que se torna rei de Tebas no lugar de seu pai assassinado, Édipo passa a se achar um semideus e acredita que sozinho poderá acabar com a praga que se abateu sobre Tebas. Sua queda ocorre não devido à praga, mas à sua insistência em descobrir o culpado, que acaba se revelando ele mesmo. Édipo cai não porque tempos antes tivesse agido a partir de seu "complexo", mas porque, décadas mais tarde, mostra desprezo pelos deuses, como já previra o profeta Tirésias. É pelas consequências de sua arrogância que ele deve ser considerado totalmente responsável.

Para Sófocles, assim como para Ésquilo, do sofrimento pode advir a sabedoria, e Édipo é o melhor exemplo na tragédia antiga de alguém que, por meio do sofrimento, se transforma de muito esperto em muito sábio.

A partir de seus 50 e tantos anos, Sófocles passa a se interessar mais por assuntos civis, tornando-se um sacerdote ordenado e um administrador no governo da cidade. Não conseguiu brilhar em nenhum desses papéis e só como dramaturgo é lembrado e altamente considerado.

NINFOMANIA

Ninfas eram moças em idade de casar que viviam afastadas da civilização e de seus ditames. Eram encontradas principalmente em árvores, montanhas, rios e fontes. Mais do que humanas, só chegavam, porém, a ser deusas de um escalão menor. Não eram imortais e, às vezes, morriam quando os fenômenos naturais que habitavam sucumbiam. Viviam em grupos e só em determinados casos eram identificadas individualmente. Lindas e despreocupadas, as ninfas desfrutavam dos prazeres físicos, inclusive do sexo, mas de forma alguma eram sempre promíscuas. Algumas eram celibatárias, outras evitavam o sexo com homens; mas havia as que, pelo contrário, buscavam por isso e, como ocorreu com o jovem Hilas, podiam atrair os homens para a morte. A palavra "ninfomania" é usada de modo pejorativo para mulheres cujo desejo sexual é visto como insaciável. No sentido estrito, é um termo médico e se refere a uma condição rara, considerada sintoma de algum distúrbio psicológico. Para os homens, aplica-se o vocábulo bem menos conhecido "satiríase", que deriva igualmente da mitologia grega. Os sátiros eram metade homem, metade bode, famosos por sua licenciosidade. Sátiros e ninfas às vezes faziam sexo entre si.

ORIGEM
"Ninfomania" é um termo pejorativo para a sexualidade supostamente excessiva de algumas mulheres, mas denota mais um distúrbio psicológico, do qual o desejo sexual insaciável é um sintoma.

REPRESENTAÇÃO
O termo mais comum hoje para ninfomania é "hipersexualidade", que se aplica a ambos os sexos. É controverso em que ponto a sexualidade se torna exagerada. Alguns especialistas encaram a hipersexualidade como uma dependência e acham que deve fazer parte da lista oficial de distúrbios psiquiátricos. Há quem a atribua a abuso sexual na infância ou a distúrbio obsessivo compulsivo. A compulsão para o sexo é mero sintoma de hipersexualidade.

CITAÇÃO
Robert A. Segal

As ninfas da mitologia clássica não eram tão insaciáveis quanto suas versões modernas.

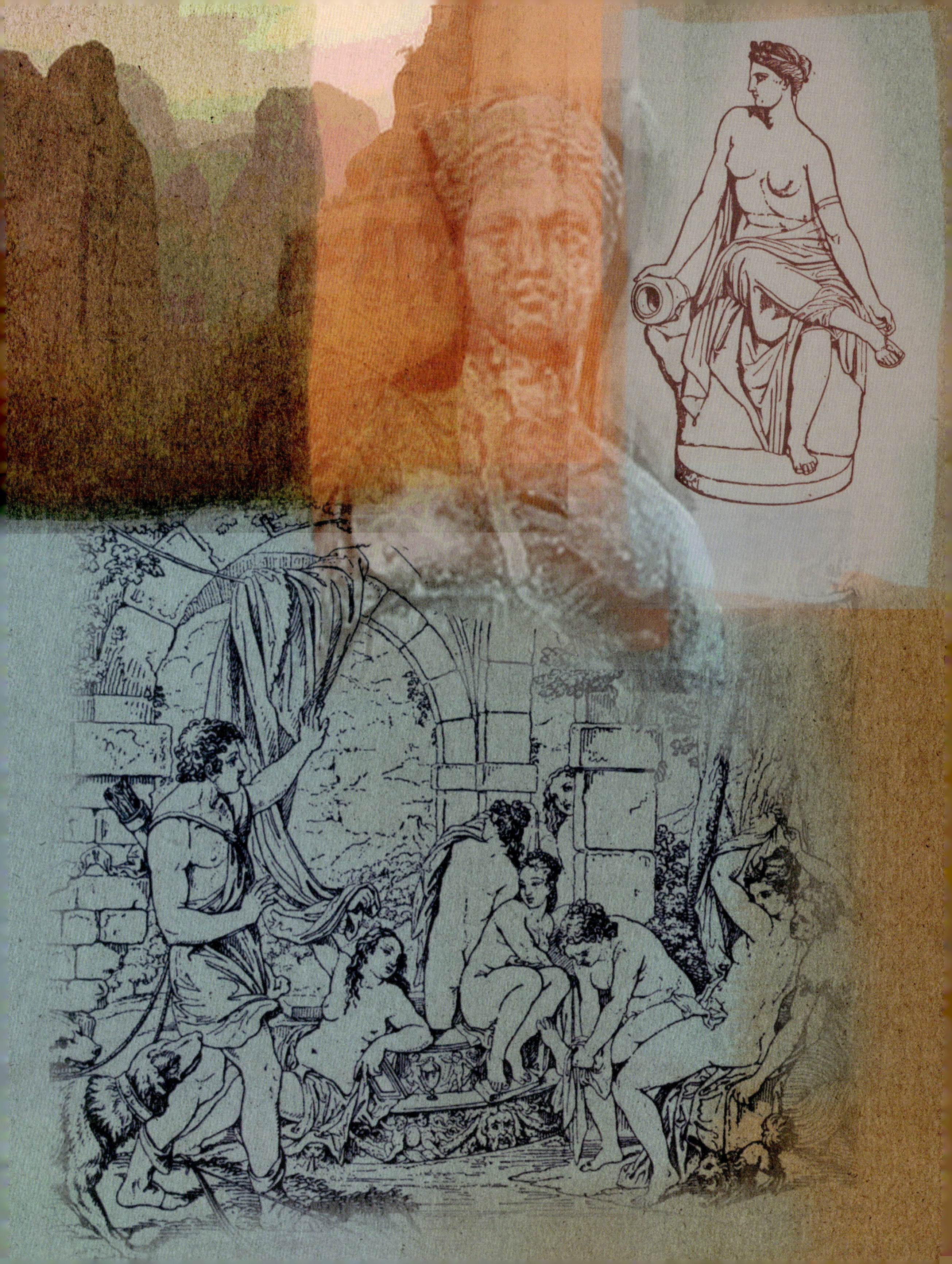

EFEITO PIGMALIÃO

No seu *Metamorfoses,* Ovídio conta a história de um escultor chamado Pigmalião, que, revoltado com a proliferação da prostituição, renega o sexo e decide viver como celibatário. Ele esculpe, porém, uma estátua de mármore de uma linda virgem, pela qual se apaixona. Ao voltar de um festival em homenagem a Vênus, beija a estátua, que, graças a Vênus, ganha vida na mesma hora. O vínculo com a expressão "Efeito Pigmalião", cunhada pelo sociólogo americano Robert Merton, é enganoso. Bem antes da famosa peça de George Bernard Shaw, *Pigmalião,* ser lançada, em 1912, houve várias comédias inglesas em que um escultor casado cria uma linda mulher que então ganha vida; nesses casos, porém, é a mulher que recebe o nome de Pigmalião, e não o escultor. Ao escrever não uma comédia mas uma sátira cômica sobre a rigidez de classe, Shaw fez de Pigmalião, rebatizada de Eliza Doolittle, uma pessoa real desde o início. A metamorfose em sua peça não é de estátua em ser vivo, mas de florista do povo em aristocrata, e é bem-sucedida menos pelo que faz a personagem e mais pelo fato de ela ser aceita como aristocrata na alta sociedade. O "efeito" significa, portanto, a influência que as expectativas dos outros, negativas ou positivas, podem ter sobre cada um de nós.

ORIGEM
A expressão "Efeito Pigmalião", embora derive do nome de um escultor cuja estátua ganha vida, indica a mudança que as expectativas dos outros podem operar em nós.

REPRESENTAÇÃO
Nas *Metamorfoses,* Ovídio fala das transformações de humanos (e também de ninfas) em animais e plantas. A transformação da escultura de Pigmalião em uma mulher viva pelo poder do amor é típica de Ovídio. O bem menos romântico Robert Merton (1910-2003) cunhou a expressão "profecia autorrealizável", pela qual o "Efeito Pigmalião" é hoje mais conhecido. O exemplo que ele dá é o de um banco solvente que vai à falência como consequência de falsos rumores de insolvência, os quais levam os grandes clientes a sacar todo o seu dinheiro.

DADOS BIOGRÁFICOS
OVÍDIO
Poeta romano, autor das *Metamorfoses*
p. 70

CITAÇÃO
Robert A. Segal

A noção de "viver em função das expectativas dos outros" difere bastante do conteúdo do mito original de Pigmalião.

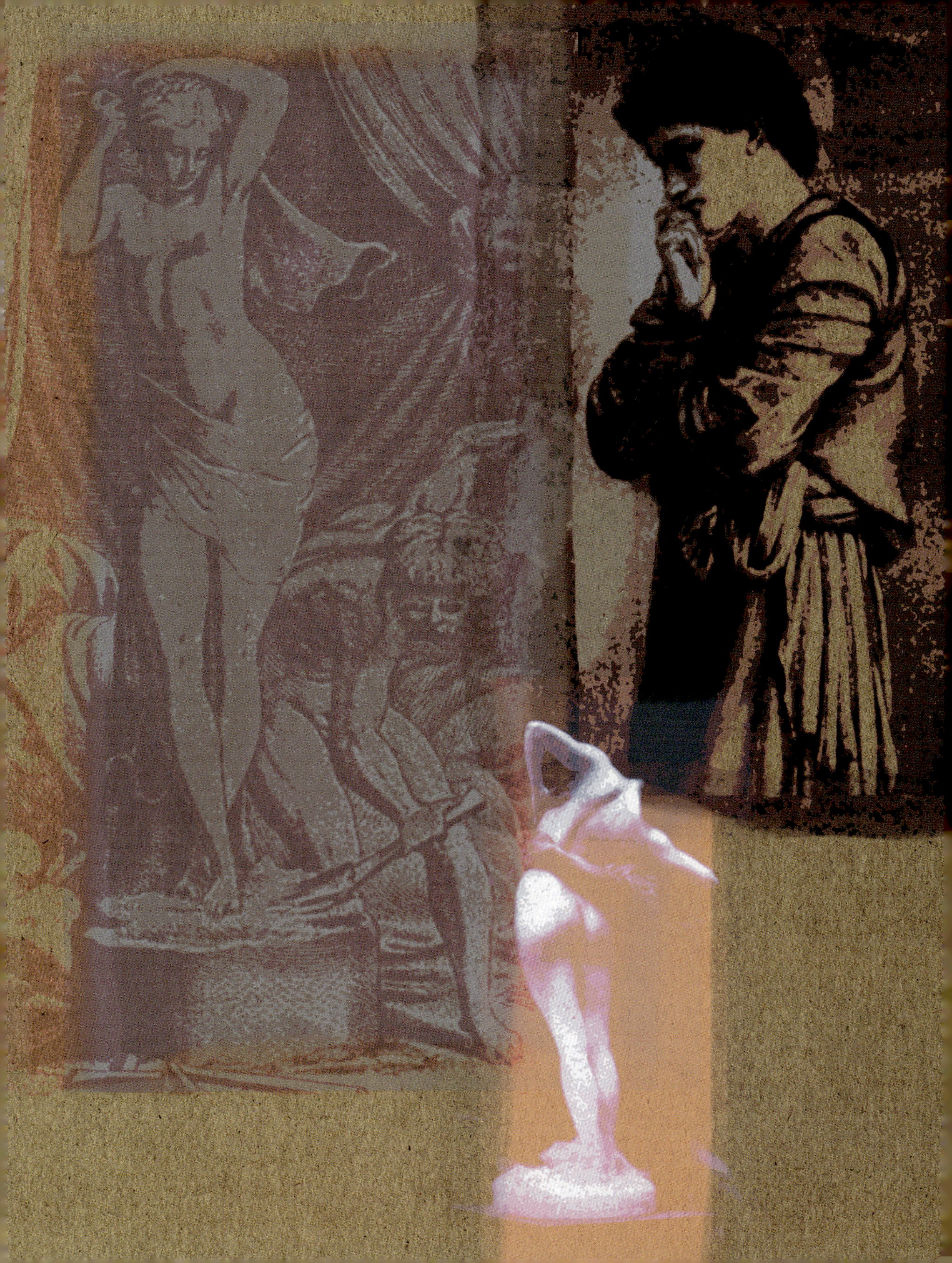

APÊNDICES

FONTES DE INFORMAÇÃO

LIVROS

Ancient Goddesses: The Myths and the Evidence
[Deusas antigas: Os mitos e as evidências]
Lucy Goodison e Christine Morris
(University of Wisconsin Press, 1999)

Anthology of Classical Myth: Primary Sources in Translation
[Antologia da mitologia clássica: Principais fontes para tradução]
Stephen M. Trzaskoma et al.
(Hackett, 2004)

Aphrodite
[Afrodite]
Monica S. Cyrino
(Routledge, 2010)

Apollo
[Apolo]
Fritz Graf
(Routledge, 2009)

Apollodorus' Library and Hyginus' Fabulae: Two Handbooks of Greek Mythology
[Biblioteca de Apolodoro e fábulas de Higino: Dois manuais de mitologia grega]
R. Scott Smith e Stephen M. Trzaskoma
(Hackett, 2007)

Art and Myth in Ancient Greece
[Arte e mitologia na Grécia antiga]
Thomas H. Carpenter
(Thames & Hudson, 1991)

Athena
[Atena]
Susan Deacy
(Routledge, 2008)

Cambridge Companion to Greek Mythology, The
[O compêndio de mitologia grega da Universidade de Cambridge]
Roger D. Woodard (ed.)
(Cambridge University Press, 2007)

Classical Myth (7ª ed.)
[Mitologia clássica]
Barry B. Powell
(Prentice Hall, 2011)

Classical Mythology: A Guide to the Mythical World of the Greeks and Romans
[Mitologia clássica: Um guia para o mundo mítico de gregos e romanos]
William Hansen
(Oxford University Press, 2005)

Classical Mythology: A Very Short Introduction
[Mitologia clássica: Uma breve introdução]
Helen Morales
(Oxford University Press, 2007)

Classical Mythology in English Literature: A Critical Anthology
[Mitologia clássica na literatura inglesa: Uma antologia crítica]
Geoffrey Miles (ed.)
(Routledge, 1999)

Complete World of Greek Mythology, The
[O mundo completo da mitologia grega]
Richard Buxton
(Thames & Hudson, 2004)

Dictionary of Classical Mythology, The
[Dicionário de mitologia clássica]
Pierre Grimal, trad. A. R. Maxwell-Hyslop
(Blackwell, 1986)

Dionysus
[Dionísio]
Richard Seaford
(Routledge, 2006)

Greek Mythology, An Introduction
[Mitologia grega, uma introdução]
Fritz Graf, trad. Thomas Marier
(Johns Hopkins University Press, 1993)

Handbook of Greek Mythology, A
[Manual da mitologia grega]
Herbert J. Rose
(Methuen, 1ª ed.1928; 6ª ed. 1958)

Heracles
[Héracles]
Emma Stafford
(Routledge, 2011)

Medea
[Medeia]
Emma Griffiths
(Routledge, 2006)

Meridian Handbook of Classical Mythology, The
(originalmente *Crowell's Handbook of Classical Mythology* [Crowell, 1970])
[O manual definitivo da mitologia clássica]
Edward Tripp
(Meridian, 1974)

Mirror of the Gods: How Renaissance Artists Rediscovered the Pagan Gods, The
[O espelho dos deuses: Como os artistas da Renascença redescobriram os deuses pagãos]
Malcolm Bull
(Oxford University Press, 2005)

Modern Construction of Myth, The
[A construção moderna do mito]
Andrew Von Hendy
(Indiana University Press, 2002)

Myth: Critical Concepts in Literary and Cultural Studies (4 v.)
[Mito: Conceitos críticos na literatura e estudos culturais]
Robert A. Segal (ed.)
(Routledge, 2007)

Myth: A Very Short Introduction
[Mito: Uma breve introdução]
Robert A. Segal
(Oxford University Press, 2004)

Myths of the Greeks and Romans (ed. rev.)
[Mitos dos gregos e romanos]
Michael Grant
(Penguin, 1995)

Myths of Rome, The
[Os mitos de Roma]
Timothy P. Wiseman
(University of Exeter Press, 2004)

Nature of Greek Myths, The
[A natureza dos mitos gregos]
Geoffrey S. Kirk
(Penguin, 1974)

Oedipus
[Édipo]
Lowell Edmunds
(Routledge, 2006)

Perseus
[Perseu]
Daniel Ogden
(Routledge, 2008)

Prometheus
[Prometeu]
Carol Dougherty
(Routledge, 2006)

FONTES DE INFORMAÇÃO

Rise of Modern Mythology 1680-1860, The
[O nascimento da mitologia moderna 1680-1860]
Burton Feldman e Robert D. Richardson
(Indiana University Press, 1972)

Roman Myths
[Mitos romanos]
Michael Grant
(Penguin, 1973)

Routledge Handbook of Greek Mythology, The
(baseado no livro *A Handbook of Greek Mythology*, de H. J. Rose)
Robin Hard
(Routledge, 2004)

Short Introduction to Classical Myth, A
[Uma breve introdução à mitologia clássica]
Barry B. Powell
(Prentice Hall, 2002)

Survival of the Pagan Gods: The Mythological Tradition and its Place in Renaissance Humanism and Art, The
[Sobrevivência dos deuses pagãos: A tradição mitológica e seu lugar no humanismo e na arte renascentistas]
Jean Seznec
(Princeton University Press, 1953)

Os usos da mitologia grega
Ken Dowden
(Papirus, 1994)

Zeus
Ken Dowden
(Routledge, 2006)

SITES (em inglês)

Bryn Mawr Classical Review, The
http://bmcr.brynmawr.edu/
Richard Hamilton e James J. O'Donnell (eds.).
Um arquivo acessível de publicações recentes sobre o mundo clássico. É a principal publicação de resenhas sobre estudos clássicos.

Lexicon Iconographicum Mythologiae Classicae (*LIMC*)
(Zurique, 1981-99).
Enorme compilação com vários volumes de todas as representações de cada mito, com comentários acadêmicos em várias línguas, mas principalmente em inglês. É a fonte mais importante para estudos sobre mitologia e arte no mundo antigo, mas está disponível apenas em bibliotecas de pesquisa.

Ovid Collection at the University of Virginia, The
http://etext.lib.virginia.edu/latin/ovid/

Perseus Project, The
Ed. Gregory R. Crane et al.
http://www.perseus.tufts.edu
Tem milhares de links para textos, obras de arte, mapas, dicionários e outros suportes para compreender o mito e o mundo clássico.

Theoi Greek Mythology: Exploring Mythology in Classical Literature and Art.
http://www.theoi.com/

SOBRE OS COLABORADORES

Viv Croot é escritora, com interesse na popularização de assuntos especializados. Seu fascínio pela literatura da Grécia clássica se concentra na *Ilíada* e na *Odisseia* e na influência dessas obras na tradição literária do Ocidente. É coautora de *Troy: Homer's Iliad Retold* (Barnes & Noble, 2004).

Susan Deacy é palestrante de literatura e história grega na Universidade de Roehampton, Londres. Sua pesquisa sobre Atena levou-a a explorar várias figuras ligadas a essa deusa. Deacy edita a série "Gods and Heroes of the Ancient World", da Routledge, e é autora de várias obras, como *A Traitor to Her Sex? Athena the Trickster* (Oxford University Press).

Emma Griffiths é palestrante de grego na Universidade de Manchester, Reino Unido. Publicou várias obras sobre mitologia e dramaturgia gregas e trabalha atualmente num livro sobre crianças na tragédia grega.

William Hansen é professor emérito de estudos clássicos e folclore e ex-codiretor do programa de Estudos de Mitologia da Universidade de Indiana, Bloomington (EUA). Entre seus livros estão *Anthology of Ancient Greek Popular Literature* (Indiana University Press, 1998), *Ariadne's Thread: A Guide to International Tales Found in Classical Literature* (Cornell University Press, 2002) e *Classical Mythology: A Guide to the Mythical World of the Greeks and Romans* (Oxford University Press, 2005).

Geoffrey Miles é palestrante em língua inglesa na Victoria University de Wellington, Nova Zelândia, com especial interesse nas transformações do mundo clássico e da mitologia clássica na literatura inglesa. É editor de *Classical Mythology in English Literature* (Routledge, 1999) e coautor de *The Snake-Haired Muse* (Victoria University Press, 2011), um estudo sobre o uso do mito pelo poeta neozelandês James K. Baxter.

Barry B. Powell é professor emérito Halls-Bascom de estudos clássicos na Universidade de Wisconsin-Madison, EUA. Entre seus livros estão *Classical Myth* (Prentice Hall, 2011), *Writing: Theory and History of the Technology of Civilization* (Wiley/Blackwell, 2009) e *Homer and the Origin of the Greek Alphabet* (Cambridge University Press, 1991). É coautor (com Ian Morris) de *A New Companion to Homer* (Brill, 1997) e de *The Greeks: History, Culture, and Society* (Prentice Hall, 2009).

Robert A. Segal é doutor pela Universidade de Princeton, EUA, e diretor do Centre for the Study of Myth da Universidade de Aberdeen, Escócia, onde ocupa a cadeira do século VI em estudos religiosos. É uma autoridade em abordagens do mito e autor de *Myth: A Very Short Introduction* (Oxford University Press, 2004) e *Theorizing about Myth* (University of Massachusetts Press, 1999). Edita também para a Routledge a série "Theorists of Myth".

ÍNDICE

A

Acteão 46, 60, 112, 134-5
Adônis 48, 50, 114-5
Afrodite 13, 16, 22, 38, 40, 50-1, 62, 104, 114, 126, 129
Agamenon, rei da Grécia 46, 88, 98, 101, 102, 122, 144
Ájax, o Grande 52, 88, 94, 124-5, 146
Ájax, o Menor 124
Andrômeda 108
Anquises 50, 94, 129
Antígona 118-9, 146-7
Apolo 13, 24, 36, 42-3, 46, 54, 80, 90, 114, 122, 134
Aqueronte, rio 13, 61, 82
Aquiles 9, 38, 88, 94, 95, 98-9, 104, 122, 124
Ares 13, 16, 34, 38, 40-1, 50, 114
Argonautas 60, 72, 95, 112, 122
Ariadne 62, 106
Árion 36, 48
Aristeu 42, 134
Ártemis 13, 42, 46-7, 60, 80, 112, 134
Atena 13, 18, 30-1, 34, 36, 38, 40, 50, 52-3, 56, 60, 64, 74, 78, 96, 102, 106, 108, 124
Augusto 71, 95, 128-9
aves de Estínfalo 94

B

bois de Gerião 94

C

Calipso 102, 114, 126
Calisto 134
Campos Elísios (veja *Elísio*)
Caos 12, 14-5, 18, 22, 78
Caronte 13, 31, 61, 79, 82

Cassandra 42, 52, 90, 122, 144
Centauro 94, 96, 134
Cérbero 66-7, 68, 82, 94, 96
Ceres (veja *Deméter*)
Ceto 64, 95
Ciclopes 13, 30, 32, 36, 42, 60, 68-9, 102
cinto de Hipólita 94
Circe 54, 102, 122, 126
Clímene 130
Clitemnestra 85, 122, 144
Cnossos 60
Cólquida 60, 112-3, 122
Complexo de Édipo 116, 138, 142-3, 144
Complexo de Electra 142, 144-5
corça de Cerineia 94
Corinto 79, 90, 116, 122, 130
Creta 13, 30, 32, 60, 62, 94, 106, 132
Crisaor 64
Cronos 12, 13, 18, 22, 24, 30, 32, 34, 36, 48, 50, 74, 94
Cupido (veja *Eros*)
Curetes 30, 32

D

Dante 72, 129
Dédalo 60, 62, 130, 132
Delfos 24, 42, 74, 79, 90-1, 94, 116
Delos 42, 46
Deméter 13, 30, 36, 48-9, 95, 101
Deuses Primordiais 12, 14, 16
Diana (veja *Ártemis*)
Dido 54, 104, 126-7, 129
Dione 30, 32, 50
Dionísio 9, 13, 48, 56-7, 94, 101, 112-3, 114, 120, 134
Dodona 30, 32, 79
Dyaus Pita 32

E

Éclogas 128, 129
Édipo 9, 74, 79, 90, 112-3, 116-7, 118, 134, 138, 142, 144, 146-7
Édipo Rei 142, 146-7
Efeito Pigmalião 150-1
Egeu, rei 62, 106, 122
égide 30, 38, 60, 64
éguas de Diomedes 94
Elêusis 30, 48, 100-1
Elísio 12, 61, 94, 98
Eneias 50, 54, 66, 72, 88, 94, 102, 104-5, 126, 129
Eneida 94, 104, 126, 128-9
Equidna 61, 66, 112
Érebo (veja *Hades*)
Erictônio 38, 52
Erínias 22, 74-5
Eros 12, 14, 16-7, 50
Esfinge 66, 112, 116
Ésquilo 74, 85, 101, 146-7
Estige, rio 13, 61, 82, 95, 98
Estínfalo 34, 94
Etéocles 113, 118
Eurídice 66, 118, 120-1
Eurípides 84-5, 88, 101, 118, 122
Euristeu 66, 94, 96

F

Faetonte 130-1, 132
Febe 24, 90
foice adamantina 12, 18, 22, 108
Fórcis 64, 95
Freud, Sigmund 8-9, 40, 85, 116, 138, 140, 142, 144
Fúrias (veja *Erínias*)

G

Gaia 12, 14, 18-9, 22, 24, 30-1, 52, 56, 60, 68, 74, 79, 86, 90

Geórgicas 128-9
Gigantes 12, 22
Górgonas 7, 64, 68, 74, 95, 108
Greias 95, 108
Guerras Púnicas 104, 126, 129

H

Hades 12, 14, 36, 45, 48, 54, 61, 66, 68, 80, 82-3, 86, 94-5, 98, 106, 108, 120, 124
Harpias 72-3
Hebe 34, 96
Hécate 31, 79
Hefesto 13, 26, 30, 34, 38-9, 40, 50, 52, 56, 60, 80, 124
Heitor 40, 88, 98, 124
Helena 50, 88, 126
Hélios 40, 42, 130
Hera 13, 31, 32, 34-5, 38, 46, 50, 80, 94, 96, 112, 130, 134
Héracles 12, 34, 36, 52, 60, 66, 78, 82, 94, 96-7, 106, 112
Hermes 13, 26, 31, 50, 54-5, 56, 79, 82, 108, 113, 114, 126
Hesíodo 12, 14, 18, 20-1, 22, 24, 30, 44-5, 60-1, 72, 78-9, 86
Hidra 66, 94
Homero 21, 24, 32, 44-5, 46, 54, 78, 88, 95, 98, 122, 124, 129

I

Ícaro 130, 132-3
Ifigênia 46, 84, 122, 144
Ilíada 21, 44-5, 88, 95, 98, 104, 124, 129
Ítaca 36, 88, 98, 102

J

Jápeto 24, 26
Jasão 52, 60, 72, 85, 95, 112-3, 122-3, 126

javali de Erimanto 94
Jocasta 116, 118
Juno (veja *Hera*)
Júpiter (veja *Zeus*)

L

labirinto 60, 62, 132
Laio 79, 90, 116, 142
Laomedonte, rei de Troia 36
Leão de Nemeia 94
Leto 42, 46, 134
Licomedes 106

M

maçãs das Hespérides 94
Marte (veja *Ares*)
Medeia 72, 84-5, 98, 106, 122-3, 126, 130
Medusa 7, 12, 52, 64-5, 66, 68, 108, 116
Melíades 12, 22
Mênades 112, 120
Menelau, rei de Esparta 50, 88
Mercúrio (veja *Hermes*)
Micenas 66
Minerva (veja *Atena*)
Minos, rei de Creta 60, 62, 106, 132
Minotauro 60, 62-3, 68, 106, 116
Mistérios Eleusinos 30, 48
Mnemosine 24
Morfeu 31, 79
mundo subterrâneo 12-3, 36, 48, 54, 61, 66, 72, 80, 82, 94, 96, 120, 126
Musas 21, 79, 80, 112

N

narcisismo 140-1
Narciso 140

Nausícaa 102
Nêmesis 74
Neoptólemo 98
Nereidas 108
Nesso 96
Netuno (veja *Posêidon*)
ninfa 12-3, 22, 36, 46, 68, 95, 98, 108, 122, 126, 148, 150
ninfomania 139, 148-9
Níobe 42, 46

O

Oceânides 13, 24
Oceano 13, 24, 64, 102
Odisseia 21, 44-5, 88, 94, 98, 122, 124, 129, 157
Odisseu 30, 36, 45, 52, 54, 60, 68, 78, 88, 94-5, 98, 102-3, 104, 114, 116, 122, 124, 126
Olímpicos 12-3, 24, 30, 32, 38, 40, 46, 60, 78, 80, 86, 96
Olimpo 13, 18, 24, 26, 34, 38, 42, 48, 50, 52, 54, 56, 72, 79, 80-1, 90, 96, 104, 108, 114, 129, 130, 134
oráculo 24, 30, 74, 79, 90, 94, 108, 116,
Oráculo de Delfos 24, 90, 116
Orestes 74, 85, 144
Orfeu 60, 66, 95, 112-3, 120-1, 129
Órion 82
Ovídio 14, 71, 129, 134, 150

P

Pandora 21, 26, 38
Páris 50, 88, 98, 126
partenogênese 31, 34
Pátroclo 98
Pégaso 64
Peleu 98

Pélias 113, 122
Penteu 56, 112, 134
Perséfone 30, 48, 82, 95, 106, 114, 120
Perseu 7, 12, 52, 64, 95, 108-9, 116
Pigmalião 126, 150
Pírito 106
Píton 42, 90
Polifemo 30, 36, 60, 68-9, 102
Polinice 113, 118
Posêidon 13, 30-1, 36-7, 48, 52, 60, 62, 64, 68, 80, 102, 106, 108
Príamo, rei de Troia 88, 98
Prometeu 21, 24, 26-7, 52
Prosérpina (veja *Perséfone*)
psicopompo 31, 54, 79, 82

Q

Quimera 61, 66
Quíron 94, 134

R

Reia 24, 30, 32, 36, 48
Remedia Amoris 70-1
Roma 54, 71, 94, 96, 104, 129
Rômulo 104, 129

S

satiríase 139, 148
sátiro 148
Sêmele 56, 130, 134
Sereias 31, 95, 102
Sibila de Cumas 42
Siqueu 126
Sísifo 12, 61, 82, 86
Sófocles 85, 101, 118, 142, 147

T

Tântalo 12, 61, 78, 86

Tártaro 12-3, 14, 24, 61, 78, 82, 86-7, 94
Tebas 74, 79, 90, 100-1, 112-3, 116, 118, 142, 144, 147
Têmis 24, 90
Teogonia 12, 20-1, 24, 30, 60, 78
Teseu 36, 60, 62, 66, 94, 106-7, 112, 116, 122
Tétis 13, 24, 95, 98, 122
Tiamat 14, 24, 36
Tifão 12, 18, 66, 86, 112
Titanomaquia 13, 24, 32
Titãs 12-3, 18, 22, 24-5, 26, 30, 32, 36, 56, 60-1, 86, 113
Tosão de Ouro 60, 112-3, 122
Trabalhos e os dias, Os 12, 20-1, 24
Tritão 31, 36
Troia 36, 40, 45, 46, 50, 52, 68, 78, 88-9, 94-5, 98, 102, 104, 122, 124, 126, 129, 144

U

Urano 12-3, 14, 18, 22-3, 24, 30, 32, 50, 56, 60, 68, 74, 79, 86

V

Vênus (veja *Afrodite*)
Virgílio 12, 61, 71, 72, 88, 94-5, 104, 126, 129
Vulcano (veja *Hefesto*)

Z

Zéfiro 16
Zeus 6, 8-9, 12-3, 18, 21, 22, 24, 26, 30-1, 32-3, 34, 36, 38, 40, 42, 46, 48, 50, 52, 54, 56, 60, 62, 64, 66, 68, 72, 79, 80, 86, 90, 96, 102, 104, 106, 108, 112-3, 114, 124, 126, 130, 134

AGRADECIMENTOS

CRÉDITOS DAS IMAGENS
A editora agradece ao responsável a gentil permissão para reproduzir a imagem contida neste livro. Não se pouparam esforços para dar o reconhecimento devido às imagens; pedimos desculpas por quaisquer omissões não intencionais.

Ian W. Scott: 20.